DÉCOUVERTE

DU

...GE DU NORD-OUEST.

Histoire des dernières Expéditions

DANS LES MERS POLAIRES.

EXTRAIT DE LA REVUE BRITANNIQUE.

PARIS

AMYOT, ÉDITEUR, RUE NEUVE-ST-AUGUSTIN, 66.

1854

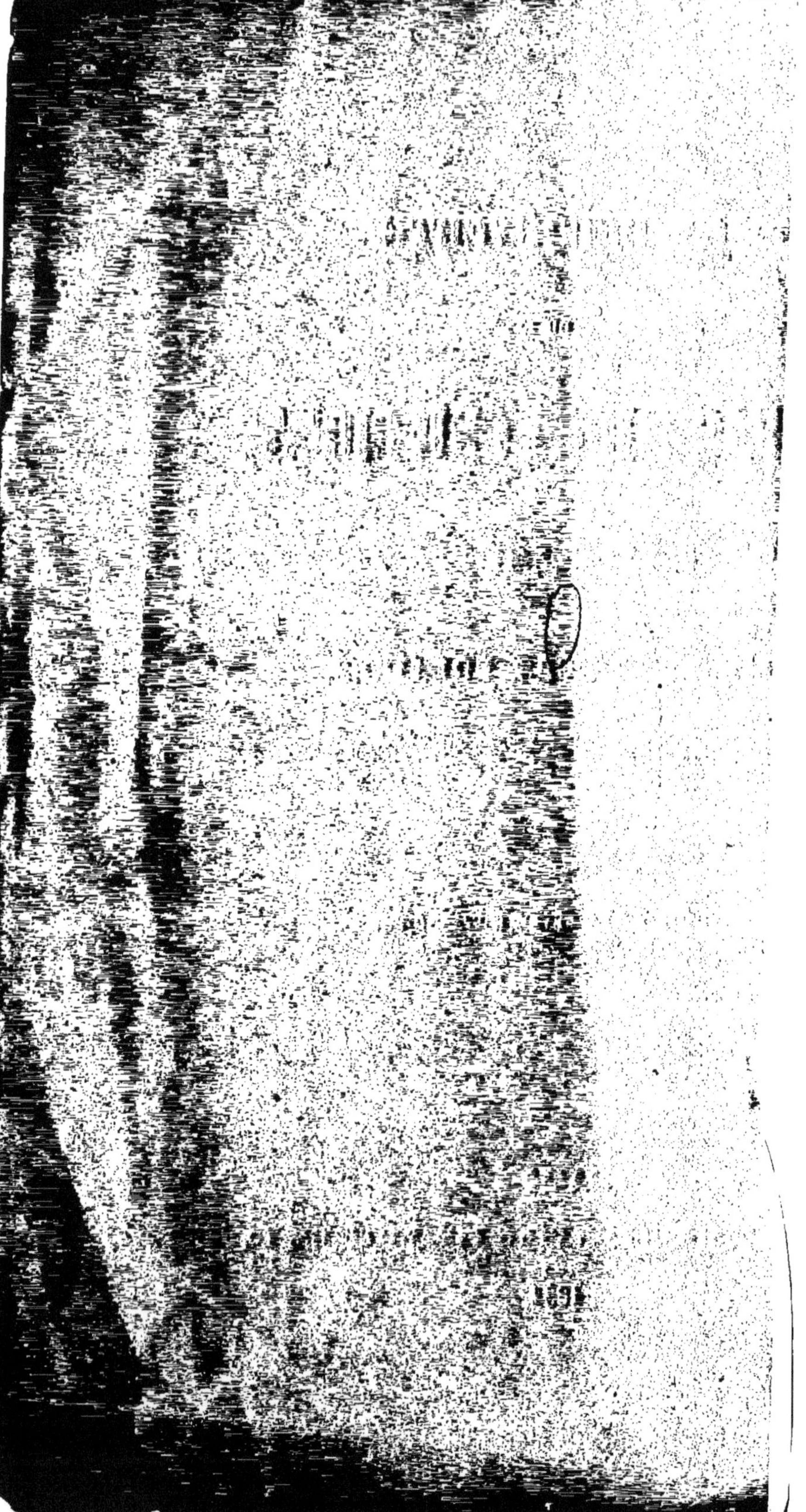

LA DECOUVERTE

DU

PASSAGE DU NORD-OUEST.

HISTOIRE DES DERNIÈRES EXPÉDITIONS

DANS LES MERS POLAIRES (1).

————— ❈ —————

Le problème d'un passage ouvert à la navigation, au nord du continent américain, entre l'Océan Atlantique et l'Océan Pacifique, ce problème qui, depuis plus de trois siècles, a préoccupé toutes les nations maritimes, est enfin résolu. Le capitaine anglais Mac Clure, parti du détroit de Behring, a réussi à conduire son bâtiment, l'*Investigateur*, jusqu'à la côte septentrionale de la Terre de Banks, qui fait face à l'île Melville, laquelle a été atteinte, en 1819, par les vaisseaux du capitaine Parry (2), et, en 1852, par ceux de l'expédition Belcher, entrés, les uns et les autres, dans la région polaire en suivant la route de la mer de Baffin. Selon les dernières nouvelles, apportées, au commencement d'octobre, par le steamer le *Phénix*, qui ramène un des officiers et plusieurs marins de l'équipage de l'*Investigateur*, ce bâtiment n'attendait qu'une ouverture dans les glaces pour tenter son retour par le détroit de Lancastre. S'il parvient à effectuer heureusement cette dernière traversée, il sera le premier vaisseau qui ait jamais accompli la circumnavigation de l'Amérique.

Depuis bien long-temps déjà la découverte du passage Nord-

(1) Voir *la Revue Britannique* de mai et de juin 1852.
(2) Voir *idem* de mai 1852, page 15.

Ouest (devenu aujourd'hui le passage Nord-Est) était dépouil-
lée de tout intérêt commercial et pratique ; mais, au point de
vue des progrès de la science, surtout après tant de périls si no-
blement bravés, c'est l'un des plus grands triomphes de la civilisation moderne, et l'honneur en revient tout entier au pavil-
lon britannique, déjà riche de tant d'autres gloires. Mais au juste
orgueil que cette nouvelle victoire fait éprouver à l'Angleterre,
vient se mêler un sentiment de tristesse profonde ; car, nulle
part, on n'a trouvé la trace de l'héroïque Franklin et de ses in-
fortunés compagnons. Ils auront payé de leur vie l'honneur
qu'ils allaient chercher pour leur pays, et c'est en mourant qu'ils
auront assuré le succès dont ils ne devaient pas être les té-
moins.

Non moins intrépide, le capitaine Mac Clure a été plus heureux ; c'est en désobéissant à un signal de rappel de son officier
commandant (le capitaine Kellett, du *Herald*), qu'il a lancé son
vaisseau dans les glaces polaires où il avait juré, avant son départ, de se frayer une voie. Il a tenu sa promesse ; il a su arra-
cher au génie mystérieux des sombres régions du Nord, le secret de tant de siècles.

Mais avant d'offrir à nos lecteurs le récit de ce voyage mémorable, il convient de leur rappeler brièvement quelles avaient
été les tentatives antérieures et quels étaient les résultats ob-
tenus.

Les derniers mouvements connus des vaisseaux de sir John
Franklin remontent au moment où il allait quitter la mer de
Baffin pour pénétrer dans le détroit de Lancastre, c'est-à-dire
à la fin de juillet 1845 (1). Ce fut seulement lorsqu'on vit s'a-
chever l'automne de 1847, que l'absence de toute nouvelle de
l'expédition, partie depuis plus de deux ans, éveilla les inquiétudes
et détermina l'Amirauté anglaise à ordonner pour le printemps
de 1848, une triple recherche dans les passages du détroit de
Behring, sur la côte septentrionale du continent d'Amérique
et vers l'archipel des îles Parry (2). Les vaisseaux envoyés au
détroit de Behring furent promptement arrêtés par les glaces ;
mais deux bateaux longèrent et reconnurent la côte américaine

(1) Voir *la Revue Britannique* de mai 1852, page 37.
(2) Voir *idem* de mai 1852, pages 38 et suivantes.

depuis le cap Barrow jusqu'à l'embouchure de la rivière Mac-kensie. De ce point jusqu'au cap Krusenstern, le littoral fut en-tièrement exploré par l'expédition du Dr Richardson et de M. Rae. Quant aux îles Parry, le capitaine James Ross, loin d'être en état de les atteindre, fut enfermé par les glaces au port Léopold, à l'ouverture de l'entrée du Prince-Régent, et durant l'hiver 1848-1849, ses excursions ne dépassèrent ni l'origine du canal Wellington, ni le cap Bunny. Dans aucun des lieux parcourus on ne rencontra le moindre vestige du passage de l'expédition Franklin. — Au commencement de 1850, après deux années passées en vaines tentatives, on se trouvait donc encore dans l'ignorance la plus absolue du sort des malheureux navigateurs absents depuis 1845. L'Amirauté voulut redoubler d'efforts. Les deux excellents vaisseaux du capitaine James Ross, l'*Entreprise* et l'*Investigateur*, furent envoyés au détroit de Behring, avec ordre de tout tenter pour essayer de parvenir, par cette voie, jusqu'aux îles Parry (1). Une expédition, compo-sée de deux autres vaisseaux et de deux bateaux à vapeur, fut confiée au capitaine Austin, qui devait s'efforcer de pénétrer par le détroit de Lancastre jusqu'à l'île Melville, et entrepren-dre l'exploration de toutes les côtes que le capitaine Franklin, suivant la teneur de ses instructions, avait pu visiter. Deux petits baleiniers, commandés par un officier expérimenté de la marine marchande, le capitaine Penny, furent, en outre, chargés d'une mission spéciale dans les mêmes parages. A ces six navires ex-pédiés dans le détroit de Lancastre, se joignirent un petit brick monté par le vieil amiral John Ross, un autre brick équipé aux frais de lady Franklin, et enfin deux bâtiments de la marine des États-Unis (2). Les capitaines Austin et Penny parvinrent jus-qu'à l'extrémité sud-ouest de l'île Cornwallis où ils prirent leur hivernage. Le premier poussa des détachements d'exploration à de longues distances à l'Ouest et au Sud. D'une part, l'un de ses officiers, le lieutenant Mac Clintock, atteignit l'extrémité oc-cidentale de l'île Melville, et revint à Winter-Harbour écrire la mention de son passage au-dessous de l'inscription laissée en ce

(1) Voir *la Revue Britannique* de mai 1852, page 49.
(2) Voir *idem* de mai 1852, pages 50 et 51.

lieu par le capitaine Parry en 1820 (1) ; tandis que, d'un autre côté, le capitaine Ommaney, commandant en second de l'expédition, explorait jusqu'au-dessous du 72° de latitude, les côtes qui se développent au sud du cap Walker (2). Pendant ce temps, le capitaine Penny remonta le canal Wellington jusqu'au 76° de latitude, et vit se déployer au Nord, à perte de vue, une mer parfaitement exempte de glace (3). Les travaux géographiques de cette campagne furent féconds en résultats importants. Mais, excepté le lieu d'hivernage du capitaine Franklin, en 1845, qu'on trouva dans l'île Beechey, aucune indication de la direction qu'il pouvait avoir prise ultérieurement ne fut découverte ; et, lorsque l'expédition revint en Angleterre à la fin de 1851, c'est-à-dire un an plus tôt qu'on ne l'attendait, puisqu'elle était approvisionnée pour trois ans, on reprocha aux officiers qui la commandaient de n'avoir pas tenté de s'élever plus au Nord en franchissant le canal Wellington ; quelques marins regrettaient aussi qu'on n'eût pas exploré le large espace qui s'ouvre entre l'île Melville et le littoral parcouru par le capitaine Ommaney au sud du cap Walker. Pressée par l'opinion publique, l'Amirauté résolut de faire partir une nouvelle expédition pour le détroit de Lancastre, au printemps de 1852 ; mais avant de raconter cette dernière tentative, nous devons revenir aux deux vaisseaux envoyés en 1850 au détroit de Behring.

Ces deux bâtiments, l'*Entreprise* et l'*Investigateur*, étaient commandés par les capitaine Collinson et Mac Clure. L'*Investigateur* parvint seul à pénétrer parmi les glaces flottantes. Il fut aperçu pour la dernière fois le 5 août, courant hardiment, sous toutes ses voiles, vers la banquise, au nord-est du cap Barrow. L'*Entreprise*, arrivée quelques jours plus tard au-delà du détroit, fut arrêtée par l'état de la glace, et le capitaine Collinson revint à Hong-Kong (4), d'où il est reparti en juillet 1851, pour pénétrer à son tour dans la région polaire et pour porter

(1) Voir *la Revue Britannique* de juin 1852, pages 325 et suivantes.
(2) Voir *idem* de juin 1852, pages 315 et suivantes.
(3) Voir *idem* de juin 1852, pages 339 et 340.
(4) Voir *la Revue Britannique* de mai 1852, pages 49 et 50. — C'est par erreur que le nom du capitaine Mac Clure a été substitué à celui du capitaine Collinson, comme commandant de *l'Entreprise*.

secours à l'*Investigateur*, s'il pouvait le rejoindre. Le commandant du *Pluvier*, navire stationné au port Clarence (détroit de Behring), pour servir de réserve et d'intermédiaire, a fait savoir, à une date très récente, qu'il n'avait reçu aucun renseignement ultérieur sur la navigation de l'*Investigateur*, non plus que sur celle de l'*Entreprise*.

On était donc sans nouvelles de l'*Investigateur* depuis plus de trois ans, et l'on avait lieu de concevoir des craintes sérieuses sur le sort de ce vaisseau, lorsque le steamer le *Phénix*, parti pour l'île Beechey au printemps dernier, est venu rapporter l'heureuse annonce de la jonction des deux expéditions de l'Est et de l'Ouest. Quant à l'*Entreprise*, espérons qu'après son double hivernage de 1852 et 1853, elle aura pu parvenir à sortir des glaces dans l'une ou l'autre direction.

L'*Investigateur* avait communiqué, le 5 août 1850, avec le *Pluvier*; il doubla ensuite le cap Barrow, en se dirigeant au Nord-Est ; mais, constamment repoussé par l'état impénétrable de la banquise, il fut obligé de suivre la côte du continent américain. Le 8, un contre-maître fut débarqué avec quelques hommes, à la pointe Drew, pour y élever un cairn destiné à contenir une note indiquant le passage du bâtiment. On rencontra là trois Esquimaux, avec lesquels on parvint à communiquer, à l'aide d'un excellent interprète (M. Miertsching, appartenant aux missions des frères Moraves du Labrador) que l'Amirauté avait pris le soin de placer à bord de l'*Investigateur*. La tribu contenait dix tentes ; elle était en relation avec la Compagnie russe qui exploite le commerce des fourrures. Lorsque, le soir précédent, elle avait aperçu « ces grands arbres qui marchaient sur la mer, » c'est-à-dire les mâts du vaisseau, elle avait été frappée de terreur, et elle avait posté comme sentinelles, sur le rivage, les trois hommes qu'on y avait rencontrés. On apprit par ces pauvres gens, qui semblaient parfaitement inoffensifs, mais dont la misère et la saleté étaient extrêmes, que la mer était libre sur toute la longueur de la côte, dans une largeur moyenne de trois à cinq milles. Lorsqu'ils allaient à la chasse du veau marin dans leurs esquifs, il leur fallait une journée pour atteindre la banquise, et ils pouvaient encore s'avancer au Nord pendant une autre journée presque entière, en profitant des intervalles liquides, ce qui semblait indiquer une distance d'environ quarante milles entre le continent et la partie de la banquise absolument impénétrable aux plus légères embarcations. Ils ignoraient d'ailleurs s'il existait des îles au Nord. Ce rapport était confirmé par l'aspect des glaces : « Jamais, » écrit le capitaine Mac Clure, « je n'avais vu des masses d'une apparence aussi » compacte. » Les naturels rapportent aussi que, l'année précédente, ils avaient aperçu deux bateaux montés par des hommes blancs qui se dirigeaient vers l'Est (les bateaux du lieutenant Pullen) (1) ; mais ils n'avaient jamais vu de vaisseaux, le mot même manquait à leur langage, et ils étaient obligés de se servir du terme d'*île flottante*. Comme ils parcouraient perpétuellement la côte, depuis le cap Barrow jusqu'à la rivière Coppermine, il est certain que si un détachement appartenant à l'expédition Franklin avait touché le continent américain, ils n'auraient pu l'ignorer. Le capitaine Mac Clure leur fit quelques cadeaux, et leur confia une dépêche qu'ils furent chargés de transmettre aux postes les plus voisins de la Compagnie russe.

Le 9 août, l'*Investigateur* doubla le cap Halkett, malgré les obstacles opposés par la glace, qui, sur ce point, touchait la côte. Le 10, il atteignit l'embouchure de la rivière Colville. Le 11, un cairn recouvrant une note indicative du passage du vaisseau, fut élevé dans l'île Jones. On échangea du tabac contre du poisson frais et du gibier apportés par quelques naturels qui ne laissaient pas d'admirer, répétaient-ils, « la grandeur des mouchoirs des hommes blancs » (les voiles du vaisseau). Ils possédaient un fusil anglais daté de 1840, qui provenait des établissements russes. Le lendemain et le surlendemain on communiqua avec une autre tribu qui avait vu les bateaux du lieutenant Pullen, et qui promit de faire parvenir aux postes russes de la rivière Colville, une seconde dépêche qu'on lui remit. Le 14, le vaisseau, enveloppé par les brumes et fatigué incessamment par le choc des glaçons que charriait un courant rapide, fut jeté sur un bas-fonds où il toucha. On ne put le relever qu'en faisant passer une partie de son chargement sur les chaloupes ; et dans l'exécution de cette opération, aussi difficile que laborieuse, on

______

(1) Voir *la Revue Britannique* de mai 1852, pages 39 et 40.

fit la perte irréparable de plusieurs barriques de viandes salées.
Le 18, le capitaine Mac Clure, observant plusieurs espaces liquides et un léger mouvement dans les glaces de la banquise,
qu'il côtoyait depuis le cap Barrow, crut pouvoir profiter d'un
vent de Sud-Ouest pour s'élever au Nord-Est, dans la direction
de la terre de Banks ; mais, dès le lendemain matin, il reconnut
qu'il s'était engagé dans une impasse, et il dut revenir vers la
côte, avec la conviction que, sur ce point, le passage dans la
mer polaire était impraticable. L'*Investigateur* continua donc
sa course vers l'Est en longeant le rivage ; l'eau n'était pas profonde, mais la navigation, cependant, n'était pas trop péril-
leuse. Plusieurs baleines passèrent à côté du bâtiment ; et sur la
terre, quoique la saison fût déjà fort avancée, on apercevait des
daims et des rennes, ainsi qu'un certain nombre d'oiseaux. La
température était encore fort douce, car le thermomètre des-
cendait rarement au-dessous de glace. Le 21, on reconnut les
îles Pelly et l'embouchure de la rivière Mackensie. Le 24, un
campement d'Esquimaux fut signalé sur la pointe Warren, voi-
sine du cap Bathurst. Le capitaine Mac Clure, croyant qu'il allait trouver une tribu en relation avec la Compagnie anglaise de
la baie d'Hudson, se hâta de clore ses dépêches pour l'Amirauté,
et il alla lui-même les porter à terre ; mais grande fut sa surprise, lorsqu'en approchant du rivage il vit les naturels l'ac-
cueillir avec les démonstrations les plus hostiles et le menacer
de leurs flèches. Il ne parvint que très difficilement à les apai-
ser, en se servant de son interprète auquel il avait fait revêtir
le costume complet des Esquimaux. Il apprit ainsi que les tribus
qui parcouraient la côte étaient en guerre avec les chasseurs
indiens au service de la Compagnie, et qu'elles préféraient faire
passer aux établissements russes de la rivière Colville les
fourrures qu'elles recueillaient, plutôt que de les céder aux
agents anglais.

Remarquant un vieux bouton de cuivre suspendu à l'oreille
du chef des Esquimaux, le capitaine Mac Clure s'enquit de
l'origine de cet ornement. Les naturels répondirent qu'il
provenait d'un homme blanc tué par un des membres de leur
tribu qui avait pris la fuite lorsqu'il avait vu l'*Investigateur*
s'approcher. Cet homme blanc appartenait à une troupe qui,

un jour, avait paru à la pointe Warren, et qui, même, y avait construit une habitation : personne ne savait d'où elle venait ; mais elle avait dû arriver par terre puisqu'elle n'avait pas de bateaux. L'homme tué s'était séparé de ses compagnons et, après sa mort, on l'avait enterré sur le penchant d'un coteau voisin. Interrogé sur la date de cet évènement, le chef des naturels répondit qu'il avait eu lieu *l'an dernier* ou bien *lorsqu'il était encore enfant*. — Forcé par l'état du temps, qui devenait brumeux, de regagner pomptement son vaisseau, le capitaine Mac Clure dut en ce moment s'abstenir de toute recherche : le lendemain, il revint à terre avec un espoir qui se trouva tristement déçu. Les deux huttes qu'on lui montra était régulièrement construites, mais leur édification remontait évidemment à une date fort ancienne, et elles ne contenaient aucun indice propre à faire connaître quels étaient ceux qui les avaient habitées. L'interprète, M. Miertsching, qui semble parfaitement connaître les mœurs des Esquimaux, pensa qu'il s'agissait ici d'un de ces récits qui se conservent traditionnellement parmi les tribus et dont l'origine remonte le plus souvent à une époque déjà éloignée. Les naturels dirent aussi que deux bateaux venant de l'Ouest avaient pris terre à la pointe Warren pendant le dernier été, et qu'ils s'étaient promptement éloignés. Le capitaine Mac Clure crut qu'il s'agissait encore des embarcations du lieutenant Pullen qui, ayant dépassé involontairement l'embouchure de la Mackensie pendant la brume, aurait ensuite reconnu son erreur et serait revenu vers l'Ouest (1).

Le 30 août, *l'Investigateur* approchait du cap Bathurst. Ici se place l'un des épisodes les plus intéressants du voyage, et nous ne pouvons mieux faire que d'en emprunter le récit au rapport du capitaine Mac Clure :

« Accompagné du Dʳ Amstrong et de M. Miertsching, je
» m'embarquai dans la grande chaloupe que suivait un autre

(1) C'était, en effet, le lieutenant Pullen qui, après avoir hiverné sur la rivière Mackensie, avait repris son exploration de la côte pendant l'été de 1850 et l'avait poussée jusqu'au cap Bathurst d'où il revint au détroit de Behring. Ses bateaux, par une fatalité singulière, se trouvaient derrière les îles Pelly le 22 août, tandis que *l'Investigateur* doublait celles-ci du côté de la mer. — Le rapport des Esquimaux était donc inexact d'un an, quant à la date de l'apparition des embarcations européennes, ou bien il fut mal compris.

» canot portant le lieutenant Creswell et quelques autres offi-
» ciers, avec une collection de cadeaux. En prenant terre, nous
» fûmes reçus par deux femmes qui nous accueillirent avec
» beaucoup de cordialité; elles nous apprirent, par l'intermé-
» diaire de M. Miertsching, que leur tribu était à la chasse de
» la baleine au cap Bathurst, qui n'était pas à une grande dis-
» tance et où elles s'offraient de nous conduire. Nous saisîmes
» avec empressement l'occasion qui se présentait. Nos bateaux
» eurent ordre de suivre la côte, tandis que, gravissant les
» rochers, nous arrivions promptement dans une belle plaine
» de plusieurs milles d'étendue, que recouvrait un riche tapis
» de mousse verdoyante. Nous avions préféré cheminer à tra-
» vers ces pâturages, comptant y rencontrer quelque renne;
» mais notre espoir fut déçu, et nous fîmes ainsi plusieurs
» milles sans trouver la tribu dont la présence nous était an-
» noncée. Après trois heures de marche, nous atteignîmes le
» bord d'une petite baie, où l'on nous dit que, l'an dernier,
» deux bateaux européens (ceux de sir John Richardson) avaient
» planté leurs tentes pour une nuit. Un peu plus loin, nous trou-
» vâmes, en effet, deux tentes que nos conductrices nous as-
» surèrent avoir été celles des voyageurs; mais ni le cap, ni la
» tribu ne se faisaient voir. L'état du temps nous obligeant à
» regagner le vaisseau, nous refusâmes d'aller plus loin. Ce fut
» en vain que les deux femmes nous offrirent l'hospitalité sous
» les tentes et qu'elles nous pressèrent de différer notre départ
» jusqu'au lendemain matin. Nous déclinâmes cette gracieuse
» invitation, nous contentant d'échanger contre du saumon,
» quelques menus objets et d'y ajouter de légers présents. Nous
» retournâmes à bord, et l'on jeta l'ancre pour la nuit.

» Le lendemain, 31 août, résolu à rejoindre la troupe des
» pêcheurs esquimaux, je quittai le vaisseau à sept heures et
» demie du matin, avec M. Miertsching et le Dr Amstrong;
» après avoir suivi la côte, dans la chaloupe, pendant plus de
» dix milles, je finis par découvrir, à l'extrême pointe du cap
» Bathurst, un vaste campement composé de trente tentes et
» de neuf maisons d'hiver qui pouvaient contenir, ensemble, à
» peu près trois cents personnes. En approchant de la terre
» pour débarquer, nous remarquâmes beaucoup de mouvement

» dans le village. Des hommes armés, en grand nombre, des-
» cendirent des rochers en courant, lancèrent leurs esquifs à
» la mer et s'avancèrent à notre rencontre, évidemment prépa-
» rés à des hostilités, car leurs couteaux étaient tirés et leurs
» arcs étaient tendus. Reconnaissant cependant par nos si-
» gnes que nos intentions étaient pacifiques, ils replacèrent
» leurs arcs dans leur étui de peau ; mais ils gardaient leurs
» couteaux à la main. L'interprète, en leur annonçant que
» notre visite était toute amicale, les invita à déposer leurs
» armes. Ils répondirent qu'ils y consentaient, pourvu que, de
» notre côté, nous déposions aussi nos fusils ; car, disaient-ils,
» *nous avons grand'peur de vous.* Nous fûmes ainsi arrêtés
» près d'une heure, pendant laquelle M. Miertsching entre-
» tint une conversation animée avec le chef, homme de
» moyen âge, beau et intelligent, afin de lui persuader de se
» charger de transmettre nos dépêches aux postes anglais de la
» rivière Mackenzie. Un mousquet et des munitions devaient
» être le prix immédiat de ce service, indépendamment d'une
» autre récompense qui serait payée lorsque le paquet aurait
» été remis à sa destination. Le chef promit de s'acquitter fidè-
» lement du message, en faisant observer, toutefois, que sa tribu
» n'était pas en relation avec les postes de la Mackenzie, mais
» seulement avec une autre tribu d'Esquimaux, qui, à son tour,
» trafiquait avec les Indiens au service de la Compagnie de la
» baie d'Hudson ; de sorte qu'avant de parvenir jusqu'à des
» hommes civilisés, la dépêche avait à passer entre les mains de
» trois tribus de sauvages, ce qui me donna lieu de croire
» qu'elle n'arriverait jamais à son adresse. M. Miertsching, qui
» connaît parfaitement le caractère des naturels, croit le con-
» traire. Sa facilité à comprendre et à parler leur langage, a frappé
» ces hommes simples d'une profonde surprise. Ils l'ont prié
» vivement de rester parmi eux, lui promettant toute sorte de
» bons traitements ; le chef lui a même offert, pour femme, sa
» fille, âgée de quinze ans et fort jolie, avec des tentes et un abon-
» dant mobilier. Tandis que cette négociation se poursuivait, une
» centaine de personnes étaient descendues du village sur le bord
» de la mer, ce qui m'empêcha d'ouvrir alors le sac contenant les ca-
» deaux ; car je savais qu'au milieu d'un tel concours, il eût été im-

» prudent d'exciter la cupidité des naturels. Lorsque nous eûmes
» enseigné au chef l'usage du fusil qui lui avait été donné, il mon-
» tra promptement son adresse à s'en servir, témoigna ensuite sa
» vive reconnaissance, puis retourna au village suivi des prin-
» cipaux personnages de la troupe. Nous traçâmes alors, sur le
» sable, une ligne de démarcation que les sauvages ne devaient
» pas dépasser, ce qui fut parfaitement compris par eux; et l'in-
» terprète commença la distribution des présents. Pendant quel-
» que temps, l'ordre fut maintenu ; mais le beau sexe devenant
» de plus en plus bruyant et empressé, la ligne fut rompue, et,
» pour ne pas être poussés jusque dans la mer, nous dûmes re-
» gagner la chaloupe qui était engravée à vingt pas du rivage.
» Grâce à cette manœuvre, nous échappâmes à tous ceux qui
» n'étaient pas munis de leurs grandes bottes de cuir imper-
» méable. Une quarantaine, cependant, entourèrent l'embar-
» cation, et, quoique l'équipage eût été disposé de manière à
» les empêcher de monter à bord, l'ardeur des femmes était si
» vive et si opiniâtre, que plusieurs d'entre elles se laissaient
» soulever en l'air plutôt que de lâcher l'objet qu'elles avaient
» trouvé à leur portée. Une autre, avec beaucoup de dextérité,
» parvint à soustraire la boussole et à la cacher sous ses vête-
» ments; ce fut avec beaucoup de peine qu'on la lui fit resti-
» tuer. Il nous fallut user de la plus grande fermeté, et même
» suspendre absolument les cadeaux, pour obtenir le rétablisse-
» ment de l'ordre. A la fin, cependant, la distribution s'acheva,
» et tout le monde étant satisfait, nous fîmes nos adieux. Nous
» eûmes à remettre la chaloupe à flot, opération dans laquelle
» les Esquimaux nous assistèrent vigoureusement. Dix-sept d'en-
» tre eux, montés sur leurs légers esquifs, nous accompagnèrent
» jusqu'au vaisseau, qu'ils atteignirent un quart d'heure avant
» nous, à l'exception d'un seul, toutefois, qui, s'étant trop éloi-
» gné du rivage, avait trouvé une mer houleuse et une forte
» brise. Nous diminuâmes de voiles afin de le prendre à bord
» avec son esquif; et, comme il était tout mouillé, nous lui of-
» frîmes de l'eau-de-vie qu'il but à pleines gorgées, ignorant la
» force du breuvage. La sensation qu'il éprouva ne parut pas lui
» déplaire, quoique les larmes lui vinssent aux yeux, et il se
» contenta de demander de l'eau. Plusieurs de ses compagnons

» montèrent à bord ; mais un seul osa descendre sous le pont.
» Celui-ci fut excessivement surpris d'y trouver des chambres
» au lieu de tentes, et il s'écria qu'il aurait des choses merveil-
» leuses à raconter lorsqu'il serait revenu chez lui. Ces sauvages
» sont une race belle et intelligente, remarquable par sa vigueur
» et par sa propreté. Je regrette vivement qu'on ait jusqu'ici
» tenté si peu d'efforts pour les civiliser, et je veux espérer que
» le jour n'est pas éloigné où l'on arrachera ce peuple intéres-
» sant aux déplorables ténèbres du paganisme. »

Le lendemain, les naturels revinrent, dans leurs esquifs, visiter le vaisseau. Familiarisés cette fois avec les Européens, ils
voulurent tout examiner en détail ; les miroirs des officiers exci-
tèrent particulièrement leur admiration. Ils se mirent ensuite à
danser avec les matelots, sur le pont, et quand vint la nuit, on
eut quelque peine à les déterminer à partir. Il fallut leur répé-
ter que le vaisseau allait se diriger, au Nord, vers les glaces
qu'ils appellent la terre des ours blancs. Ces animaux y abondent, en effet, et sont fort redoutés des Esquimaux. Une pau-
vre mère raconta en pleurant que son petit enfant, jouant à
quelques pas d'elle, sur le bord de la mer, avait été récemment
enlevé, sous ses yeux, par un ours. On apprit, par les réponses
des naturels, que, sur ce point, la banquise est permanente, et
qu'elle n'est jamais distante de la terre de plus de douze à quatorze milles.

Le 5 septembre, après plusieurs jours de lutte contre des cou-
rants chargés de blocs de glaces, on aperçut une épaisse colonne
de fumée sur le rivage ; on crut même entrevoir des tentes et des
hommes vétus de blanc. Avait-on enfin rencontré de malheureux
Européens en détresse qui appelaient du secours ? Chacun se plut
à l'espérer, et un bateau fut promptement envoyé à terre ; mais il
ne trouva que des monticules volcaniques dont la forme conique
et la blancheur avaient produit cette illusion. En même temps,
des traces récentes de rennes expliquaient le mouvement des
corps blanchâtres que les vigies avaient signalé. Ce fut pour nos
braves marins une cruelle déception.

Le 6 septembre, à onze heures du matin, le vaisseau, poussé
par un bon vent d'Ouest, était à la hauteur du cap Parry ; la mer
s'élargissait et la banquise, toujours compacte, se montrait à trois

milles fuyant vers le Nord-Ouest, lorsqu'on aperçut, de l'avant, à une distance d'environ cinquante milles, une terre très élevée dans la direction du Nord-Est. Mais écoutons le capitaine Mac Clure :

« En approchant de cette terre, je remarquai que le rivage
» occidental (que j'aurais désiré côtoyer, si cela eût été possi-
» ble), était touché par la banquise à laquelle il servait d'appui.
» Le côté de l'Est, au contraire, aussi loin qu'on pouvait l'ob-
» server du haut des mâts, était comparativement praticable,
» ce qui me détermina à suivre cette dernière direction, suppo-
» sant que je n'avais devant moi qu'une île, et qu'en la dou-
» blant je pourrais trouver une issue dans la mer polaire. Le 7,
» à neuf heures du matin, nous atteignîmes l'extrémité méri-
» dionale de la nouvelle terre ; c'était un beau cap formé par
» des rochers perpendiculaires de plus de mille pieds de hau-
» teur. Nous lui donnâmes le nom de Lord Nelson, en mémoire
» du héros dont les débuts dans la carrière maritime se ratta-
» chent aux découvertes arctiques. Bientôt après, m'embar-
» quant dans une chaloupe, j'allai, au nom de sa Très Gracieuse
» Majesté la reine Victoria, prendre possession de notre dé-
» couverte, que je nommai île Baring en l'honneur du premier
» lord de l'Amirauté. Un poteau auquel était attaché un ballon
» peint fut élevé sur le rivage, et l'on enfouit à son pied un baril
» contenant le procès-verbal de la prise de possession. Ce signal
» est placé par 71°, 6' de latitude et par 123° de longitude
» Ouest (1). Nous observâmes des traces nombreuses et ré-
» centes de rennes, de lièvres et d'oies sauvages ; des mousses
» et même des fleurs existaient aussi en abondance. D'une élé-
» vation d'environ cinq cents pieds, nous pûmes jouir de la vue
» de l'intérieur : le sol était couvert de mousse, ce qui donnait
» une apparence de verdure à plusieurs rangées successives de
» collines, dont les plus hautes s'élevaient jusqu'à deux et trois
» mille pieds. Les ravins qui les séparaient devaient largement
» alimenter un grand lac situé au centre d'une vaste plaine, à

(1) Nous avons conservé, dans notre texte et dans notre carte rectifiée et com-
plétée d'après les dernières découvertes, la longitude de Greenwich, qui est celle
de tous les documents anglais.

(Note de la Rédaction.)

» environ quinze milles de nous. En même temps, l'aspect de la
» mer était favorable. A une distance d'à peu près quarante
» milles vers l'Est, on n'apercevait que quelques glaçons flot-
» tants et notre navigation dans cette direction semblait ne de-
» voir rencontrer aucun obstacle. De retour au vaisseau, je fis
» mettre à la voile ; mais bientôt le temps se couvrit de brume,
» et jusqu'à la matinée du surlendemain la sonde fut notre
» seul guide. A dix heures, le ciel s'éclaircit un moment ; nous
» aperçûmes à l'Est, à environ quinze milles, une côte qui se
» prolongeait au Nord à perte de vue. Les montagnes de l'inté-
» rieur étaient hautes et glacées, tandis que les parties basses,
» voisines de la mer, étaient exemptes de neige. — Nous distin-
» guâmes plusieurs pics dont la forme était remarquable et dont
» l'apparence était volcanique. Ce nouveau rivage, qui reçut le
» nom de Terre du Prince-Albert, est situé par 72° 1' de latitude
» et par 119° 25' de longitude. Continuant notre route au Nord-
» Est, avec une grande lenteur à cause d'un épais brouillard mêlé
» de neige, nous dépassâmes deux petites îles de rochers aux-
» quelles je laissai le nom de la Princesse-Royale. Le vent étant
» devenu favorable, je fis déployer toutes les voiles, espérant
» atteindre le détroit de Melville dont nous n'étions plus éloi-
» gnés que de soixante-dix milles..... La mer était encore libre ;
» mais elle charriait de nombreux glaçons, et tandis que nous
» cherchions à passer entre deux champs de glace, ils se rap-
» prochèrent si rapidement l'un de l'autre, que le vaisseau fut
» arrêté subitement dans sa course et qu'il fut même soulevé.
» Cette position dura un quart d'heure. A la fin, la pression des
» glaces cessa et nous continuâmes d'avancer ; mais ce fut pour
» bien peu de temps : le vent tournant au Nord-Est, la mer,
» dont l'état nous avait inspiré, quelques heures auparavant,
» les plus grandes espérances, fut promptement couverte de
» champs de glace, en si grande quantité, que tous nos efforts
» suffirent à peine pour conserver la liberté des mouvements
» du vaisseau. Le 11, au matin, nous fûmes cernés par les
» glaces : nous nous dégageâmes dans l'après-midi ; mais j'eus
» alors le chagrin de remarquer que nous étions entraînés vers
» le Sud.....

» L'abaissement de la température et la promptitude de la

» mer à se couvrir d'une couche de glace, toutes les fois que le
» vent faiblissait, annonçaient clairement que la saison naviga-
» ble touchait à son terme. Je reconnus avec anxiété que la
» sûreté du vaisseau exigeait de moi une prompte décision. Je
» pouvais retourner vers le Sud où la mer était encore ouverte,
» chercher un abri dans l'une des baies de la côte sud-est de
» l'île Baring et courir la chance d'y rencontrer un bon ancrage;
» mais si cette recherche ne réussissait pas, le vaisseau se trou-
» vait placé dans une situation pire que celle du moment, car
» il demeurait exposé, dans une espace de mer fort étendu, au
» choc et à la pression des immenses champs de glace qui en-
» combrent incessamment la mer dans la région polaire, tandis
» que nous étions actuellement protégés contre leur approche,
» par les îles de la Princesse-Royale. L'autre parti que j'avais à
» prendre était de continuer d'avancer au Nord-Est, aussi long-
» temps que je le pourrais, au risque de passer l'hiver dans la
» glace. Je préférai cette dernière alternative, parce que je
» pensai qu'il serait peu judicieux d'abandonner l'espace conquis
» au prix de tant de peines et d'anxiétés, pour la chance fort
» incertaine de trouver un bon lieu d'hivernage ; parce que je
» sentais profondément combien il était important de conserver
» intégralement cet espace que nous avions parcouru, puisque
» la perte d'un seul mille pouvait compromettre toute la navi-
» gation de la saison suivante ; parce que, surtout, me trouvant
» dans le voisinage de la terre de Banks et dans la direction
» très probablement suivie par sir John Franklin, s'il avait
» dépassé le cap Walker (1), ma position actuelle était celle
» qui me permettrait le mieux d'exécuter les instructions de
» l'Amirauté, en détachant des partis d'explorateurs aussitôt
» que la saison deviendrait favorable aux recherches. Tels
» furent, quand je me vis réduit à n'avoir à choisir qu'entre des
» difficultés, les motifs qui me déterminèrent ; et j'espère qu'ils
» seront approuvés par leurs seigneuries (les Lords de l'Ami-
» rauté), quelque hasardeuse qu'ait été la résolution que j'ai
» cru devoir prendre. »

La résolution était hasardeuse, en effet. Après quelques jours

(1) Voir *la Revue Britannique* de mai 1852 pages 37 et 38.

consumés en vains efforts pour essayer de pénétrer dans le détroit de Melville, après avoir manqué dix fois de périr, il fallut s'amarrer à un champ de glace qui, entraîné par le courant, ramena l'*Investigateur* vers les îles de la Princesse-Royale. Dans la prévision d'un péril imminent qui aurait pu forcer l'équipage à quitter le vaisseau, le capitaine Mac Clure fit apporter sur le pont douze mois de provisions et distribuer à tous les hommes leurs effets de campement, tels que les tentes, les vêtements chauds, les bottes fourrées, etc. Heureusement ces précautions suprêmes devinrent inutiles. Le 8 octobre, l'*Investigateur* se trouva solidement fixé dans une glace immobile presqu'au milieu du long canal qui, après avoir séparé l'île Baring de la terre du Prince-Albert, débouche dans le détroit de Melville en face de l'île du même nom. Quelques beaux jours de plus, et le capitaine Mac Clure eût atteint les parages de Winter-Harbour, accomplissant ainsi en deux mois à peine, sa traversée depuis le cap Barrow jusqu'à la région déjà connue des îles Parry.

Le 10 octobre, on prit solennellement possession de la terre du Prince-Albert. Le pays était montueux, sillonné par des ravins et entrecoupé par des lacs. Du sommet d'une colline haute de quinze cents pieds, il fut impossible aux officiers de l'*Investigateur* de reconnaître s'ils étaient réellement en vue du détroit de Melville, parce que la mer, complètement glacée, se confondait avec la terre dans le lointain.

Le retour au vaisseau fut marqué par l'un de ces accidents si fréquents dans les mers polaires. En arrivant sur le rivage, les voyageurs s'aperçurent que la glace, qu'ils avaient passée à pied le matin, s'était éloignée de la terre jusqu'à une distance d'une centaine de pas. Ce fut en vain qu'ils suivirent la côte pendant plusieurs milles : l'intervalle liquide était toujours le même, et, cependant, la nuit s'approchait. Il fallut s'arrêter. On commença à tirer des coups de fusil pour se faire entendre du vaisseau ; mais la distance était trop grande. Ce fut seulement à huit heures du soir, qu'un des détachements de l'équipage qui, depuis la tombée de la nuit, exploraient la glace dans toutes les directions, en quête des absents, aperçut, par bonheur, la lueur des derniers coups et s'approcha. Mais l'obstacle qui se présentait n'ayant pas

été prévu; on fut obligé de retourner à bord afin de rapporter deux canots de Halkett (1) qui servirent à ramener les égarés, non sans peine, ni sans péril. « Je ne puis trop insister, écrit le ca-
» pitaine Mac Clure, sur l'excellence des canots de Halkett ni
» trop vanter l'habileté qui a inspiré leur invention. Ces admi-
» rables petits esquifs sont gonflés à bord, puis transportés avec
» une extrême facilité sur les épanles d'un seul homme à travers
» les glaces les plus difficiles, dont les aspérités mettraient en
» pièces toute autre embarcation. Grâce à eux, ce jour-là, on a
» réussi à sauver une troupe nombreuse qui, sans tentes, sans
» couvertures, sans feu et sans provisions, allait être exposée
» aux rigueurs d'une nuit polaire, pendant laquelle le thermo-
» mètre descendit jusqu'à — 8° (22° centigrades au-dessous de
» glace). »

Il était cependant nécessaire de constater la communication du canal du Prince-de-Galles, où se trouvait l'*Investigateur*, avec le détroit de Melville. C'est pourquoi, bien que la saison fût déjà fort avancée, le capitaine Mac Clure voulut entreprendre lui-même cette reconnaissance. Accompagné d'un contre-maître et de six marins, il partit, le 21 octobre, par un temps favorable ; mais la glace était tellement parsemée de crevasses et d'aspérités, que, dès la première journée, le traîneau du détachement se brisa. On faillit, même, perdre la tente de campement et les provisions. Il fallut s'arrêter, faire venir du vaisseau un autre traîneau plus solide, et le charger avec plus de soin. Cet accident ayant causé un retard de vingt-quatre heures, ce fut seulement dans l'après-midi du 26, que le capitaine Mac Clure éprouva l'inexprimable joie de planter sa tente sur les rives du détroit de Melville, par 73° 31' de latitude et par 114° 39' de longitude, c'est-à-dire sur la ligne même où sir Edward Parry, dans ses cartes, avait placé la terre de Banks qu'il avait aperçue de l'île Melville en 1819. Le passage au nord de l'Amérique était enfin trouvé, et la côte nord-est de l'île Baring était la terre de Banks.

Dans une lettre intime adressée à sa sœur, le capitaine Mac Clure annonce sa réussite si bien méritée, en des termes qu'ap-

(1) Canots en caoutchouc gonflés avec de l'air.

précieront tous ceux qui savent comprendre le noble patriotisme
d'un pays glorieux et libre :

    « Il serait superflu de vous raconter ici mon voyage si plein
» d'anxiétés, de difficultés et de périls ; car mes dépêches à l'A-
» mirauté, qui en relatent toutes les circonstances, ne manque-
» ront pas d'être publiées. Je me bornerai donc à vous dire que
» nous sommes parvenus à découvrir ce passage du Nord-Ouest
» si long-temps cherché et qui avait déjoué les efforts de l'Eu-
» rope maritime pendant quatre cents ans. Nous avons ainsi
» ajouté un laurier à la couronne de la vieille Angleterre et un
» évènement mémorable au règne de notre chère petite Reine. »

    Le lendemain, au lever du soleil, l'heureux navigateur, monté
au sommet d'une colline, put contempler une mer couverte de
glace se développant devant lui, au Nord, aussi loin que l'œil
pouvait l'embrasser : il ne put toutefois distinguer la côte de
l'île Melville. A l'Est, seulement, il apercevait l'extrême pointe
nord-ouest de la terre du Prince-Albert (pointe Peel). Un cairn
fut élevé par les marins sur le point le plus apparent du rivage,
et un cylindre de cuivre contenant une note indicative, y fut
déposé. Le 27, on se remit en route, et, le 31, on était de retour au vaisseau, après avoir parcouru sur la glace, en neuf
jours, cent cinquante-six milles, par une température qui varia
entre 44° et 26° centigrades au-dessous de zéro. Le 30, dans
l'après-midi, le temps étant clair, le capitaine Mac Clure, dési-
reux d'annoncer lui-même le retour de son détachement et le
succès de l'expédition, prit les devants espérant atteindre l'*Investigateur* avant la nuit ; mais cette impatience faillit lui être
funeste.

    « Le dernier jour, écrit-il dans la lettre que nous avons déjà
» citée, je quittai le traîneau pour arriver au vaisseau un peu
» avant mes gens et pour leur faire préparer quelques *comforts.*
» J'avais encore environ quinze milles à faire. Peu de temps
» après avoir quitté mes compagnons, je fus enveloppé par un
» épais brouillard ; cependant, aussi long-temps qu'il fit jour et
» que je pus observer ma boussole, je m'en tirai bien ; mais à
» cinq heures, la nuit étant venue, je perdis mon chemin et je
» me trouvai engagé parmi des glaces hérissées d'aspérités aussi
» dures que de la pierre. Je trébuchais et tombais à chaque pas,

» au risque de me briser bras et jambes, sinon de me casser le
» cou. A la fin, je fus obligé de m'arrêter ; car, n'ayant rien pris
» qu'un mince déjeuner à sept heures du matin, je me trouvais
» épuisé. Sous l'abri d'un gros morceau de glace, je me fis un
» lit confortable dans la neige et j'y enfonçai mes jambes jus-
» qu'aux genoux pour empêcher mes doigts de pieds de se geler.
» Je m'endormis promptement et, vers minuit, je fus réveillé
» par un brillant météore qui traversa le ciel. M'étant levé, je
» trouvai une nuit étincelante d'étoiles et une brillante aurore.
» Je cherchai à me diriger du côté du vaisseau ; mais comme
» j'avais épuisé toute ma poudre, je ne pouvais attirer l'atten-
» tion du bord. Après avoir erré jusqu'au jour, j'eus l'extrême
» satisfaction de reconnaître que j'avais dépassé le vaisseau d'en-
» viron quatre milles. En reprenant ma route, je rencontrai plu-
» sieurs traces d'ours. J'arrivai enfin, sain et sauf, à huit heures
» du matin, quoique le thermomètre fût à — 15° (26° centigrades
» au-dessous de glace) et que je n'eusse pris aucun aliment de-
» puis vingt-cinq heures. »

Pendant l'absence du commandant, sept bœufs musqués, tués
par les marins de l'*Investigateur* sur la terre du Prince-Albert,
avaient fourni la ressource précieuse et inespérée d'environ
treize cents livres d'excellente viande fraîche.

L'hiver, cette saison si redoutable, dont l'approche avait
excité tant de craintes, s'écoula fort doucement. On voit pour-
tant par le journal des mouvements du thermomètre, à bord de
l'*Investigateur*, que pendant les mois de janvier, février et
mars 1851, le froid fut plus d'une fois de 46° centigrades au-
dessous de glace et que la température moyenne de février fut
de — 28° ; mais il y eu peu de vent et peu de neige. L'état sanitaire de l'équipage ne fut aucunement altéré. Le capitaine Mac
Clure attribue ce résultat remarquable à l'énergie de ses hommes, à l'excellence des provisions de toute espèce et au bon
système de ventilation de l'intérieur du vaisseau (1).

(1) Le lieutenant Osborne, dont le nom figure si honorablement dans les rela-
tions de l'expédition du capitaine Austin, en 1850 et 1851, a publié, sous le titre
de *Feuilles détachées d'un Journal de voyage*, des tableaux pleins d'intérêt, parmi
lesquels celui de l'intérieur d'un vaisseau pendant l'hivernage, doit trouver ici sa
place :

« Figurez-vous, écrit cet officier, l'intérieur du vaisseau complètement éclairé,

Dès les premiers jours de mars, les préparatifs de la campagne de 1851 furent commencés. Une grande chaloupe avec trois mois de vivres fut d'abord transportée dans une des îles de la Princesse-Royale, afin qu'au moment de la rupture des glaces, si l'*Investigateur* venait à être écrasé, son équipage conservât les moyens de regagner le détroit de Behring où il aurait rencontré le *Pluvier*. Une autre chaloupe fut aussi déposée sur le rivage de la terre du Prince-Albert, afin que, si durant le temps des explorations, le vaisseau était entraîné par les glaces, les détachements à leur retour eussent la possibilité de rejoindre le reste de l'équipage dans l'île de la Princesse-Royale.

» toutes les ouvertures par où l'air extérieur pourrait pénétrer, soigneusement
» bouchées et toutes les portes doublées, afin de prévenir les pertes de chaleur.
» C'est le moment du déjeuner : le chocolat fumant est placé sur chaque table, et,
» mêlant ses vapeurs à la respiration des êtres humains, il remplit d'un épais
» brouillard cet espace resserré. Si vous montez sur le pont (et, en sortant, n'ou-
» bliez pas que vous aller passer, en un moment, d'une douce température de
» 10° au-dessus de zéro dans une atmosphère où le thermomètre indique une ge-
» lée de 40°) vous verrez une colonne de fumée s'élever en tournoyant au-
» dessus de certaines ouvertures nommées ventilateurs, parmi lesquelles il en est
» d'inaperçues qui fournissent un courant d'air pur aux parties habitées du na-
» vire. Le déjeuner gaiement achevé, au milieu de joyeuses plaisanteries, tout l'é-
» quipage endosse les vêtements chauds et monte sur le pont. Quelques hommes
» seulement restent en arrière pour ranger et nettoyer l'intérieur, pour préparer
» le dîner, pour rechercher et enlever soigneusement les petits amas de neige ou
» de glace qui ont pu se former dans les trous ou dans les coins pendant la nuit.
» Cela fait, la revue générale a lieu : les officiers inspectent tous les hommes et
» toutes les parties du vaisseau afin de reconnaître si l'état de propreté des uns et
» des autres est irréprochable. On se disperse ensuite, et chacun va s'occuper du
» service qui lui est dévolu, service ordinairement très léger, qui consiste princi-
» palement à balayer le pont, à fournir au cuisinier la neige qui doit lui procurer
» sa provision d'eau quotidienne et, enfin, à tenir exemptes d'obstruction les ouvertu-
» res qui alimentent le foyer. Si le vent qui souffle n'est pas trop sévère, on voit
» des groupes de deux ou trois hommes prendre de l'exercice, à quelque distance,
» sur la glace, tandis que d'autres, cherchant un abri derrière le vaisseau, discu-
» tent les incidents du passé où prédisent ceux de l'avenir. A midi, la soupe, la
» viande salée et les conserves, parmi lesquelles les pommes de terre figurent au
» premier rang, composent le dîner des marins, dont le vigoureux appétit appré-
» cie complètement la valeur d'un pareil régime. Les officiers dînent deux heures
» plus tard. Dans l'après-midi on prend encore quelque exercice au dehors ; puis
» viennent le souper et le thé. Le soir, si c'est jour d'école, les maîtres et les élèves
» s'acquittent de leur tâche. Ceux qui apprennent à lire ouvrent leurs livres, et
» ceux qui écrivent se placent devant leurs cahiers, tandis que les artistes repren-
» nent leur crayon. D'un autre côté, les cartes, les jeux de dames ou d'échecs, et
» enfin la conversation, qu'égaye la ration de grog jointe à la pipe ou au cigare,
» conduisent tranquillement jusqu'à l'heure du coucher. »

Le 18 avril, par un beau temps, trois partis, pourvus chacun d'un traîneau chargé de provisions pour six semaines, furent organisés et se mirent en route. Le premier, sous la conduite du lieutenant Creswell, dut se diriger au Nord-Ouest, en suivant le littoral de l'île Baring visité, au mois d'octobre précédent, par le capitaine Mac Clure. Le second, commandé par le lieutenant Haswell, eut ordre de marcher au Sud-Est dans la direction de la terre Wollaston en longeant les rivages méridionaux de la Terre du Prince-Albert. Enfin, le troisième détachement, confié à l'un des contre-maîtres, M. Winniatt, était chargé de reconnaître la partie septentrionale des mêmes rivages et devait s'avancer, autant qu'il le pourrait, vers le cap Walker.

Le lieutenant Creswell fut de retour le premier, après trentequatre jours d'absence. Parvenu jusqu'au 117° 49' de longitude, par 74° de latitude, il avait vu devant lui la mer se développer au Nord aussi loin qu'on pouvait l'apercevoir, confirmant ainsi l'identité de l'île Baring avec la Terre de Banks. Un vent violent de Nord-Ouest, qui faisait souvent descendre le thermomètre jusqu'à 26° au-dessous de glace, avait constamment contrarié la marche de ce détachement : sur les six marins qui le composaient, deux furent si sérieusement atteints par la gelée, qu'on ne put les ramener qu'en les plaçant sur le traîneau. Dès le surlendemain de son retour à bord de *l'Investigateur*, le lieutenant Creswell repartit avec une nouvelle troupe pour explorer la côte méridionale de l'île Baring. Il s'avança cette fois dans la direction de l'Ouest jusqu'au-delà du 123° de longitude, et fut de retour, le 10 juin, de cette seconde expédition, pendant laquelle l'état de la glace lui fit courir de nombreux dangers.

Le lieutenant Haswell était revenu le 29 mai : le point extrême de sa course était situé par 70° 38' de latitude et 115° de longitude. Il avait eu à traverser deux de ces golfes étroits et profonds qui abondent dans la région polaire et que les navigateurs ont pris si souvent pour des détroits. De même que le lieutenant Creswell, il avait élevé des cairns et laissé des indications écrites sur tous les points remarquables. De même, aussi, il avait observé partout de nombreuses traces de gibier d'espèces diverses et des vestiges d'anciens campements d'Esquimaux. Enfin, il avait rencontré une petite troupe de ces naturels campés sur la glace et occupés à chasser le veau marin, mais, faute d'interprète, il n'avait pu tirer d'eux aucune information. Le capitaine Mac Clure se détermina sur-le-champ à partir avec M. Miertsching et quelques hommes, afin d'essayer de retrouver cette troupe qu'il rejoignit en effet le 3 juin (1). Par les réponses qui furent faites à l'interprète, on apprit que la côte méridionale de la terre du Prince-Albert se prolongeait, avec beaucoup de sinuosités toutefois, jusqu'en face du continent américain, nommé par les Esquimaux *Nunavaksaraluk*. C'est donc cette côte qui a été vue et visitée, en 1829, par MM. Dease et Simpson et, plus tard, en 1851, par M. Rae (2), sous les noms de Terre-Wollaston et de Terre-Victoria. Le capitaine Mac Clure croit qu'en effet la Terre du Prince-Albert se relie, par le Sud-Est, au continent américain. Dans cette hypothèse, le détroit Dolphin et Union, ainsi que le détroit Dease et Simpson, ne seraient que des golfes intérieurs. Le même officier croit aussi que le littéral Nord-Est de la Terre du Prince-Albert se relie pareillement au cap Walker, en se rattachant au rivage exploré, en 1851, par le capitaine Ommaney et par

(1) Dans une lettre, adressée à son oncle, le capitaine Mac Clure, parlant de cette rencontre, s'exprime ainsi : « Nous avons trouvé ce nouveau » rivage habité par une nombreuse tribu d'Esquimaux, qui, avant notre » arrivée, n'avait jamais vu le visage d'un homme blanc. C'est la race la » plus intéressante que j'aie jamais rencontrée. Elle vit uniquement de la chasse, » et ne possède pas d'autres armes que celles qui conviennent à cet exercice. Les » passions les plus violentes de notre nature lui semblent inconnues. Elle m'a » inspiré l'idée charmante de l'homme tout fraîchement sorti des mains du créa-» teur, et non encore souillé par le contact de notre civilisation tant vantée. Nous » avons trouvé, au contraire, que tous les natifs qui trafiquaient avec la Compa-» gnie maudite de la baie d'Hudson, étaient les plus grands réprouvés... »
Le capitaine Mac Clure dit ailleurs.

« N'est-il pas honteux que la Compagnie ne sache rien de ces tribus, et que sa » charte demeure une lettre morte, quand son monopole a pour titre principal » les efforts qu'elle doit faire pour civiliser les païens? Mais il semble trop évi-» dent que, pourvu que ces gens-là se procurent de la pelleterie, ils s'inquiètent » peu du reste. Une telle conduite ne devrait pas être tolérée. Des missionnaires » de leur propre race, tirés du Groënland ou du Labrador, amèneraient prompte-» ment ces hommes bons et simples à la connaissance des vérités de l'Évangile, » pour lesquels ils sont certainement à demi préparés. »

(2) Voir *la Revue Britannique* de mai 1852, pages 35 et 63.

le lieutenant Osborne. Cette dernière supposition est conforme, d'ailleurs, au résultat de l'exploration de M. Winniatt qui, après avoir doublé la pointe Peel, s'est avancé dans la direction du Nord-Est, jusqu'au 107° de longitude par 72° environ de latitude. L'excursion de M. Winniatt, qui a duré cinquante jours, offre une circonstance bien remarquable : le 24 mai, lorsque le détachement commençait à rétrograder, il ne se trouvait qu'à deux journées de marche du lieutenant Osborne (de l'expédition Austin) (1), qui, de son côté, ayant épuisé plus de la moitié de ses vivres, prenait la résolution de reprendre le chemin des vaisseaux hivernés dans la baie de l'Assistance.

L'été était arrivé, cependant, et nos marins voyaient avec une anxiété profonde s'approcher le moment où devaient se disjoindre les masses formidables qui les entouraient. — «Le pre-
» mier signe du dégel s'est produit aujourd'hui, 7 juillet; » écrit le capitaine Mac Clure dans son journal, « un intervalle liquide,
» d'environ un mille de largeur, s'aperçoit le long du rivage de
» la terre du Prince-Albert. La glace a fondu si rapidement de
» tous les côtés, sous la double influence de la pluie et d'une
» température de + 45° (7° centigrades au-dessus de zéro) que
» le 14 elle s'est ouverte subitement et silencieusement autour
» du vaisseau, toujours enfermé dans son bassin de quarante
» pas de largeur, au centre du champ de glace auquel nous nous
» étions amarrés, il y a trois mois, et qui nous a protégés de-
» puis cette époque. Comme il ne nous est pas encore possible
» de sortir de notre enceinte, nous dérivons doucement, avec
» la glace, vers les îles de la Princesse-Royale. Le 17, nous par-
» venons enfin à nous détacher de notre banc, et, nous trou-
» vant parmi des glaces peu serrées, nous déployons nos voiles,
» sans toutefois replacer notre gouvernail ; puis nous essayons
» de gagner le bord occidental du canal, où la mer paraît être
» libre. Dans l'après-midi, le voisinage de plusieurs champs de
» glace flottante, nous oblige à nous amarrer à l'un d'eux. Le 20,
» un léger vent de Sud-Ouest disperse les glaces et me permet
» d'espérer quelque progrès dans la direction du Nord-Est, qui
» est celle du détroit de Barrow, d'où je pourrais m'élever au

(1) Voir *la Revue Britannique* de juin 1852, pages 316 et suivantes.

» nord de l'île Melville, ainsi que je l'ai toujours projeté. En
» cas d'impossibilité de ce côté, je chercherais à revenir en An-
» gleterre par le détroit de Lancastre. Le vaisseau a donc été
» détaché de la glace, et il avait gagné un mille, quand le vent
» étant tombé tout-à-coup, nous avons été cernés de nouveau.
» Le 22, un espace libre ayant été aperçu au Nord-Est, le gou-
» vernail a été remis en place dans l'attente d'une brise de Sud-
» Ouest, qui ne s'est produite que le lendemain, et qui nous a
» poussés avec les glaces dans la direction désirée. Mais nous
» étions emportés vers un bas-fond sur lequel des blocs énormes
» s'étaient amoncelés. Le coin du banc flottant qui nous traînait
» encore une fois, venant à rencontrer ces masses, n'a pu sou-
» tenir le choc, et s'est brisé en morceaux de douze à quatorze
» pieds carrés, qui se sont accumulés au-dessus de la surface
» de l'eau. Ces glaçons, frappant notre carène avec un bruit pa-
» reil à celui du tonnerre, se pressaient, se broyaient, s'entas-
» saient les uns au-dessus des autres, de manière à former, par
» leur soulèvement quasi-volcanique, une espèce de cône fort
» élevé qui a fini par se fendre, en laissant solidement adhérer
» au sol la partie de la glace à laquelle nous étions attachés,
» tandis que, derrière nous, des fragments de moindre dimen-
» sion arrivaient, avec une vitesse accélérée, sur notre poupe
» que rien ne protégeait. Lâcher toutes nos amarres fut l'affaire
» d'une minute, et nous avons été bien heureux dans la prompt-
» titude de notre manœuvre ; car, à peine l'avions-nous exécu-
» tée, que les glaces qui nous suivaient, frappant notre arrière,
» poussèrent notre vaisseau en avant avec une vitesse de deux
» milles à l'heure. Un petit espace demeuré libre devant la glace
» fixée sur le bas-fonds, nous permit bientôt, en nous remor-
» quant, de nous mettre en sûreté ; mais si la position du bâti-
» ment n'avait pas été particulièrement favorable, rien n'aurait
» pu le soustraire à une destruction instantanée. »

Cette lutte de l'homme contre les éléments se prolonge encore
pendant vingt-cinq jours. Dès qu'on aperçoit, sur l'une ou l'autre rive du long détroit sur lequel on est engagé, un espace libre par où l'on puisse s'élever au Nord, le capitaine Mac Clure
y lance son vaisseau. Mais bientôt le vent change, et, pour ne
pas se laisser enfermer dans quelque baie par l'accumulation

des glaces, il faut s'amarrer à un champ flottant et se laisser en-
traîner vers le Sud, jusqu'à ce qu'un nouveau changement at-
mosphérique permette au navire de se détacher de la glace qui
lui frayait la voie. C'est dans une de ces occasions que le capitaine Mac Clure, impatient de reprendre sa course vers le Nord,
et trouvant un obstacle dans le banc de glace qu'il venait de
quitter, fit usage, pour la première fois, de la mine, afin de
s'ouvrir un passage. Un vase contenant trente-six livres de poudre, placé au centre d'une glace qui mesurait onze pieds d'é-
paisseur et quatre cents pas de diamètre, la fendit dans toutes
les directions, de telle sorte que le bâtiment put très facilement
en traverser les fragments désunis.

Le 16 août, l'*Investigateur* n'était plus qu'à vingt-cinq
milles du détroit de Melville ; mais, là, une banquise impénétrable barrait dans toute sa largeur le canal du Prince-
de-Galles, et la saison était trop avancée pour qu'on pût
espérer la rupture de cette barrière. Voyant la mer libre
derrière lui, au Sud, le capitaine Mac Clure prit la résolution de revenir sur ses pas, de doubler le cap Nelson et
de chercher, en longeant la côte ouest de l'île Baring, un passage au Nord, entre la terre et la banquise. Le 18 août, l'*Investigateur* était à la hauteur du cap Kellett ; le 19, il atteignait
le cap du Prince-Alfred ; mais, à partir de ce point, les obstacles
se multiplièrent, et le vaisseau fut menacé, pour ainsi dire, à
chaque instant, d'être broyé par des champs de glaces flottantes,
dont quelques-uns mesuraient jusqu'à cent pieds d'épaisseur.

....Ici, écoutons encore le capitaine Mac Clure, dont le récit
ne cesse de cacher, derrière la plus parfaite simplicité, l'intré-
pidité la plus admirable. « — Dans la matinée du 20, notre pro-
» grès vers le Nord a été arrêté par une barrière de glace qui
» s'appuyait à la côte. Pour éviter d'être entraînés par les champs
» flottants, nous nous sommes amarrés, du côté de la terre, à
» un bloc de peu d'étendue, mais fort pesant, qui semblait so-
» lidement fixé sur un bas-fonds, à environ quatre-vingts pas du
» rivage. C'était notre seul rempart contre les formidables
» glaces flottantes de la mer polaire, qu'un vent d'Ouest chas-
» sait vers nous avec une vitesse d'un mille à l'heure. A neuf
» heures du soir, notre position est devenue critique : un champ

» flottant est venu frapper le bloc auquel nous étions attachés
» et l'a remué si profondément, qu'une langue de glace qui
» passait au-dessous de notre quille, a soulevé le vaisseau de
» six pieds. Toutefois, en ménageant avec une grande attention
» nos amarres et nos ancres, nous avons réussi à nous mainte-
» nir pendant le conflit, qui a duré quelques minutes, après les-
» quelles le champ flottant s'est brisé en morceaux, tandis que
» nous étions poussés un peu plus près de la terre.

» Nous sommes demeurés plusieurs jours dans cette position,
» et rien n'y avait troublé notre tranquillité, lorsque, le 29 août,
» à huit heures du matin, les glaces commencèrent tout-à-coup
» à se mouvoir. Un champ flottant d'une grande étendue, sou-
» levant, sans doute, par une de ses pointes sous-marines, le
» bloc auquel nous étions attachés, le redressa perpendiculai-
» rement à trente pieds de hauteur, dans la position la plus me-
» naçante pour nous. Comme cette masse dépassait notre ver-
» gue de misaine, nous avions à redouter qu'elle ne retombât
» de tout son poids sur le vaisseau, qu'elle eût écrasé infaillible-
» ment. Notre anxiété ne dura que quelques minutes; le champ
» flottant se fendit, emportant parmi ses fragments une partie
» des fondements de notre abri qui, après plusieurs oscilla-
» tions effrayantes, reprit sa position primitive; mais, inca-
» pable désormais de résister à la pression qu'il avait soutenue,
» il dériva avec la glace flottante. Il fallait absolument ne s'en
» pas séparer; c'était là notre unique moyen de salut, à cause
» de la proximité de la côte. Nous doublâmes donc nos amarres,
» et, dans cette situation, nous fûmes entraînés avec notre bloc,
» enfonçant d'autres glaçons très larges avec notre carêne,
» tandis que notre poupe et notre gouvernail soutenaient aussi
» des chocs violents. A une heure, la glace devint stationnaire et
» la pression cessa. Le gouvernail avait été fortement endom-
» magé; il fut démonté, puis réparé sur la glace même, et il ve-
» nait à peine d'être replacé, lorsqu'à huit heures du soir le
» mouvement de la mer recommença. Nous étions rapidement
» entraînés vers le reste d'un champ flottant qui, après s'être
» brisé à l'embouchure d'une large rivière, sur des bas-fonds,
» les avait recouverts d'une montagne de débris. Je reconnus
» que si nous nous trouvions pris entre cet obstacle et la glace

» avec laquelle nous flottions, le vaisseau serait inévitablement
» mis en pièces, tandis que si nous nous détachions de notre
» bloc, nous serions nécessairement jetés à la côte, qui n'était
» éloignée que de quatre-vingts pas. J'envoyai alors le maître-
» canonnier en avant, sur la glace, à travers les plus extrêmes
» difficultés, pour qu'il essayât d'atteindre l'obstacle et de le
» détruire par la mine. Il ne put trouver aucun espace liquide
» assez large pour y enfoncer son pétard ; mais, découvrant une
» cavité convenable sur le bord de la glace du côté de la mer, il
» en profita. L'explosion ne réussit qu'à fendre légèrement le
» champ de glace, et, comme la pression qu'il subissait était
» énorme, les fissures furent à peine apparentes. Cependant
» nous n'étions plus qu'à quelques pieds de l'écueil, et chacun,
» monté sur le pont, attendait avec anxiété l'instant de cette
» crise, qui semblait devoir nous être fatale. Fort heureuse-
» ment, le vaisseau se présenta dans une position si favorable,
» que la pression eut lieu dans le sens de la plus grande force
» de sa membrure : une violente secousse, qui ébranla les mâts
» et qui fit gémir profondément toute la charpente du navire,
» annonça clairement que la lutte ne serait pas de longue
» durée. Le câble-chaîne qui nous attachait à notre glaçon
» cassa tout-à-coup, et plusieurs ancres chassèrent... Pen-
» sant que j'avais suffisamment risqué le vaisseau, j'ordon-
» nai de lâcher toutes les amarres ; en donnant cet ordre,
» je croyais qu'en peu de minutes nous allions être jetés à la
» côte, et comme le bord en était doucement incliné, j'espérais
» qu'elle pourrait nous fournir un asile pendant l'hiver, tandis
» que si le vaisseau était écrasé entre les masses flottantes notre
» destruction serait entière.

» Mais, avant que mon commandement pût être exécuté, une
» miséricordieuse providence intervint. Le champ de glace,
» fendu par la mine, se rompit en trois morceaux, qui furent
» entraînés avec tout le reste. Le vaisseau, qui penchait forte-
» ment et qui avait été sensiblement soulevé, reprit sa position
» naturelle et flotta de nouveau sur la mer. La seule avarie qu'il
» ait éprouvée, a été la perte d'une partie de sa doublure en
» cuivre qui a été roulée comme une feuille de papier ; pas une
» jointure n'a cédé ; pas une voie d'eau ne s'est produite.

Bientôt la glace redevint immobile, et un intervalle de sécurité relative succéda aux fatigues et aux périls des jours précédents. L'*Investigateur* avait alors parcouru la moitié de la distance qui sépare le cap Austin, du cap du Prince-Alfred : le thermomètre était tombé de quelques degrés au-dessous de glace, et tout semblait annoncer que le terme de la saison navigable était arrivé. Le capitaine Mac Clure commença ses préparatifs d'hivernage. Des reconnaissances furent poussées dans l'intérieur du pays où l'on rencontra de belles vallées encore verdoyantes et des traces nombreuses d'animaux d'espèces diverses, tels que des bœufs musqués, des lièvres et des ptarmigans. D'anciens campements d'Esquimaux annonçaient aussi, qu'à une autre époque, cette partie de l'île Baring avait été habitée. On fit enfin l'intéressante découverte d'une chaîne de collines remplies de bois et de coquillages pétrifiés. — « Je considère cette circonstance, » écrit le capitaine Mac Clure, « comme une preuve » nouvelle de l'universalité du déluge ; car, assurément, de tels » débris n'appartiennent pas à ces régions, où le plus gros bois » que nous ayons rencontré est le saule-nain, dont la tige, » grosse seulement comme un tuyau de pipe, sert de nourriture » aux rennes. »

Le 10 septembre, la température s'éleva subitement à 39° (4° centigrades au-dessus de zéro) et la pluie recommença. La glace se rompit ; l'*Investigateur* fut emporté vers la mer polaire au milieu d'un champ flottant dont on ne put maîtriser le mouvement à cause de sa vaste étendue et de son énorme épaisseur. Il fallait à tout prix se rapprocher de la terre, sous peine d'être broyé dans la banquise. Les manœuvres de la voile, les efforts de la remorque, les explosions de la mine, furent vainement employés tour à tour, pour essayer de dégager le vaisseau. Le 13, on dut recourir à un moyen plus énergique. A trente pas, seulement, du bâtiment, on enfonça dans la glace, à vingt-cinq pieds de profondeur, un baril contenant deux cent cinquante livres de poudre et l'on y mit le feu. La secousse fut à peine sentie à bord et la glace qui, en certains endroits, mesurait jusqu'à soixante-sept pieds d'épaisseur, fut fendue dans tous les sens. L'*Investigateur*, redevenu maître de ses mouvements, reprit, au milieu de nouveaux dangers, sa laborieuse navigation vers l'Est. Le 22, il par-

venait à doubler le cap Austin et, le 24, il trouvait un lieu sûr
d'hivernage dans une baie bien abritée, qui a reçu, de la piété
reconnaissante du capitaine Mac Clure, le nom de *Baie de la
Merci de Dieu*. Ce havre sauveur est situé sur la côte Nord
de l'île Baring, par 74° 6' de latitude et par 117° 54' de longitude. A compter du 3 octobre (1851), l'équipage entier
fut mis à deux tiers de ration de toute espèce de provisions.
Cette restriction était plus que sévère; mais le soin de l'avenir
l'exigeait impérieusement.

Un nouvel hiver commença, pendant lequel la température
fut moins rigoureuse que durant l'année précédente; le vent
toutefois était violent, et les ouragans furent fréquents. Par
bonheur, le gibier abondait dans l'île Baring, et des chasses régulièrement organisées, qui ne furent interrompues que pendant le mois de janvier à cause de l'obscurité, procurèrent à
nos marins le précieux secours de trois distributions de viande
fraîche par quinzaine. Le 1er avril, on avait en avance mille livres pesant de venaison en chair de rennes, de lièvres et de
ptarmigans.

Le 11 avril 1852, le temps étant favorable, le capitaine Mac
Clure entreprit de traverser, avec quelques hommes, les glaces
du détroit de Melville. Il voulait visiter Winter-Harbour, comptant y trouver un des bâtiments ou du moins un des détachements du capitaine Austin, et arrêter de concert avec cet officier les mesures que pourrait exiger le salut de l'équipage de
l'Investigateur. L'approvisionnement qui restait était à peine
suffisant pour atteindre la fin de 1853, et si, durant l'été qui
s'approchait, les glaces ne s'ouvraient pas, il fallait absolument, sous peine de courir le danger de mourir de faim, ré-
duire le nombre de bouches à bord, en faisant partir un détachement pour l'Angleterre.

Dix-huit jours de marche furent nécessaires pour arriver à
Winter-Harbour, où l'on trouva seulement un cairn contenant
l'avis de l'excursion du lieutenant Mac Clintock au mois de
juin de l'année précédente (1). Cet officier, à coup sûr, lorsque, le 28 mai 1851, il découvrait au Sud-Ouest la côte escar-

(1) Voir *la Revue Britannique*, livraison de juin 1852, pages 332 et 333.

pée de la Terre de Banks, était loin de soupçonner qu'en ce moment même elle était parcourue par un détachement de *l'Investigateur*. La déception du capitaine Mac Clure fut cruelle ; il fallait qu'il comptât désormais sur ses seules ressources, puisque l'expédition du capitaine Austin devait, selon toute apparence, être retournée en Angleterre. Toutefois, avant de s'éloigner, il eut soin de déposer une dépêche dans le cairn du lieutenant Mac Clintock, et c'est à cette précaution prévoyante que l'équipage de *l'Investigateur* a dû son salut.

Le mois de juillet était arrivé ; tous les préparatifs nécessaires pour mettre le vaisseau en état de prendre la mer étaient achevés ; mais aucun signe n'annonçait encore l'approche du dégel. La terre était couverte d'une couche de neige aussi épaisse qu'au cœur de l'hiver ; on reconnut même que, durant la dernière moitié de juin, la glace avait augmenté d'épaisseur. Les troupes d'oiseaux voyageurs venant du Midi reprenaient leur vol dans cette direction, parce qu'ils ne trouvaient aucune apparence de végétation, et, ce qui était plus grave, l'état sanitaire de l'équipage commençait à s'altérer. Seize cas de scorbut furent constatés par le rapport mensuel du chirurgien. On se vit obligé de suspendre tous les travaux pénibles, et l'on dut redoubler d'efforts pour continuer à se procurer de la viande fraîche. Le 8 juillet, le sergent des soldats de marine, en poursuivant un renne, rencontra inopinément deux bœufs musqués qu'il parvint à tuer. Il fit preuve en cette occasion d'un sang-froid remarquable : assailli par un des bœufs lorsqu'il ne lui restait plus une seule balle, il attendit à bout portant l'animal blessé et furieux, et lui déchargea dans le cœur la baguette de son fusil. On recueillit aussi une assez grande quantité d'oseille qui, jusqu'au mois d'août, fournit, chaque jour, un excellent anti-scorbutique. Grâce aux sages précautions qui furent prises, la santé des malades finit par se rétablir.

Le 20 août 1852, la température tomba tout-à-coup jusqu'à 15° centigrades au-dessous de glace. L'été n'avait été qu'un long jour nébuleux ; car, depuis la fin de mai, le soleil avait à peine été visible. Bientôt on dut renoncer à tout espoir d'un retour de chaleur.

« Le 8 septembre, » écrit dans son rapport le capitaine Mac

Clure, « après avoir mûrement arrêté la résolution que j'avais
» à prendre dans les circonstances critiques où nous nous trou-
» vions, j'annonçai aux hommes de l'équipage mon intention de
» renvoyer la moitié d'entre eux en Angleterre, avec tous ceux
» des officiers dont la présence n'était pas indispensable ; les
» uns par le cap Spencer et la baie de Baffin, les autres par la
» rivière Mackenzie. Je devais garder le reste avec moi dans
» l'espoir de dégager le vaisseau pendant le prochain été. Que si
» je n'y pouvais réussir, j'essaierais, au printemps, de gagner
» avec des traîneaux le port Léopold ; car l'état de nos provi-
» sions n'admettait aucun autre arrangement (1). Quoique
» déjà depuis un an nous fussions réduits à deux tiers de ra-
» tion, il fallait, ajoutais-je, nous disposer à subir pendant dix-
» huit mois encore, la même privation ; privation fort pénible,
» sans doute, et très contraire à la santé de chacun, mais com-
» mandée par notre devoir, puisque le vaisseau étant aussi solide
» que le premier jour de notre navigation, il serait peu honora-
» ble de l'abandonner avant le prochain été qui pouvait nous
» permettre de franchir le détroit de Melville. Nous revien-
» drions alors en Angleterre, où l'heureuse découverte du pas-
» sage Nord-Ouest, si long-temps et si vainement cherché, se-
» rait accueillie avec une satisfaction qui nous dédommagerait
» amplement des fatigues et des périls de notre laborieuse en-
» treprise. Cette communication a été bien accueillie et j'ai lieu
» d'espérer que l'exécution de mon projet ne rencontrera au-
» cune difficulté. » — Quelle noblessse et quelle simplicité dans
le langage du chef ! Quel sentiment du devoir et de la discipline
dans le silence respectueux des subordonnés.

C'était bien le même officier calme et résolu qui, confiant
en ses compagnons autant qu'en lui-même, avait tracé, dans
la dépêche laissée sous le cairn de Winter-Harbour, les lignes
suivantes :

« Mon intention est, si cela se peut, de retourner en An-
» gleterre cet été, en touchant à l'île Melville et au port Léo

(1) On devait trouver au cap Spencer un bateau et un dépôt de provisions ; mais
il résulte d'un rapport du capitaine Kellett, que ce dépôt était presque épuisé et
que les marins de *l'Investigateur* n'y auraient trouvé que bien peu de ressources
Le port Léopold était l'emplacement d'un autre dépôt et d'une autre embarcation.

» pold. Mais si l'on n'entendait plus parler de nous, c'est que,
» selon toute probabilité, nous aurions été entraînés dans les
» glaces vers le pôle ou bien à l'ouest de l'île Melville : or, dans
» l'un ou l'autre cas, *tenter de nous envoyer des secours ne se-*
» *rait qu'accroître le mal;* car tout vaisseau entré dans les
» glaces polaires doit y être inévitablement écrasé. C'est pour-
» quoi un dépôt de provisions ou un vaisseau placé à Winter-
» Harbour, est le meilleur et le seul moyen auquel on doive re-
» courir pour le salut de ce qui aura survécu de l'équipage de
» *l'Investigateur.* »

L'hiver 1852-1853 fut plus rigoureux encore que les deux
précédents. La température moyenne du mois de janvier fut de
42° centigrades au-dessous de glace. Un jour, le thermomètre
descendit jusqu'à — 54°, et pendant vingt-quatre heures il se
tint à — 52°. Que si l'on eût été disposé à douter de l'exacti-
tude des mouvements du thermomètre, les sensations que l'on
éprouvait aussitôt qu'on affrontait l'air extérieur venaient con-
firmer la fidélité de ses indications. Les plus grands froids ont
constamment été produits par le vent de Sud-Ouest, tandis que
les vents d'Est amenaient les températures les plus modérées.
Par un bonheur inespéré, le gibier, cherchant des abris dans les
vallons les plus bas et les plus voisins de la mer, ne cessa pas de
se montrer ; et quoiqu'il fût devenu très craintif, on réussit toujours à tuer un assez grand nombre de rennes. Aussi le festin
de Noël 1852 fut-il des plus abondants. On en jugera par l'ex-
trait suivant du rapport du capitaine Mac Clure :

« Comme c'était la dernière fois que le jour de Noël devait
» nous voir tous réunis, l'équipage voulut rendre mémorable
» la célébration de la solennité, et ses efforts furent couronnés
» d'un plein succès. Chaque table fut brillamment illuminée et
» artistement décorée des chefs-d'œuvre de nos dessinateurs de
» l'entrepont qui, entre autres sujets, avaient représenté le
» vaisseau dans les situations les plus périlleuses du voyage :
» mais l'ornement le plus remarquable du festin consistait en
» d'énormes plumpuddings dont quelques-uns pesaient jusqu'à
» vingt-six livres ; à quoi il faut ajouter des quartiers de venai-
» son, des lièvres rôtis, des ragoûts de ptarmigans, etc., etc.
» Des mets aussi délicats et en pareille profusion, ne s'étaient

» jamais rencontrés jusqu'ici, du moins je le suppose, dans l'en-
» trepont d'un vaisseau. Un étranger, témoin de cette fête, au-
» rait eu peine à croire que l'équipage plein de force et de
» santé qu'il avait sous les yeux, venait de passer plus de deux
» années dans les déserts glacés du pôle. Une scène aussi
» joyeuse, au milieu de circonstances aussi graves, était douce
» pour le cœur d'un officier.

» Lorsque, dans mon lointain isolement, je contemplais ce
» spectacle d'abondance et de bonheur, je me sentais profondé-
» ment ému des bienfaits sans nombre dont une Providence in-
» finie dans sa bonté avait daigné nous combler. Grâces lui
» soient rendues pour l'appui qu'elle n'a cessé de nous accorder
» dans les situations les plus désolées qui se puissent concevoir. »

Le 15 mars (1853), les hommes qui devaient composer les
détachements destinés pour la baie de Baffin et pour la côte
d'Amérique, furent désignés : c'étaient ceux que l'on croyait les
moins capables de supporter un quatrième hiver dans les glaces. Et cependant l'épreuve qu'ils allaient subir était peut-être
plus redoutable encore ; car, avant d'avoir la moindre chance de
rencontrer soit un vaisseau, soit un lieu habité, ils avaient à
marcher pendant deux mois attelés à leur traîneau sur la mer
glacée ou sur la terre couverte de neige. Le capitaine Mac Clure
se flattait de l'espoir qu'ils parviendraient heureusement à trouver les moyens de gagner l'Angleterre ; mais l'évènement était
plus qu'incertain, et une sombre tristesse, qui ne faisait que s'accroître à mesure que le jour de la séparation s'approchait, s'é-
tait emparée de tous les esprits.

Le départ était fixé au 15 avril. Une semaine auparavant, le
capitaine Mac Clure et son premier lieutenant se promenaient
ensemble sur la mer, assez loin du vaisseau, lorsqu'ils virent
paraître du côté du Nord, un homme dont le visage était noir et
dont la marche était si rapide qu'ils le crurent d'abord poursuivi
par un ours. Dès qu'il les aperçut, cet homme se mit à agiter
les bras en l'air et à pousser des cris ; mais il était trop éloigné
pour qu'il fût possible de le comprendre. Le capitaine Mac Clure
écrit plaisamment qu'en voyant accourir sur la glace déserte
cette étrange figure noire, sa première impression fut que ce
pouvait être le diable en personne, et qu'il chercha sérieusement

s'il n'en découvrirait pas les griffes ou la queue. L'étranger, cependant, atteignit les promeneurs ; il était si ému qu'il lui fut impossible d'articuler une seule parole. — Qui êtes-vous et d'où venez-vous ? lui demanda le capitaine Mac Clure. —Je suis le lieutenant Pim, du *Herald*, répondit le nouveau-venu, oubliant, dans son trouble que, depuis deux ans, il avait changé de vaisseau. —Et la surprise du capitaine Mac Clure de redoubler, car il avait laissé le *Herald* en 1850 dans le détroit de Behring. Enfin, le mystère s'expliqua : le capitaine Kellett, hiverné avec deux vaisseaux sur la côte de l'île Melville depuis le mois de septembre 1852, ayant découvert dans le cairn de Winter-Harbour la dépêche déposée par le capitaine Mac Clure au mois de mai précédent, s'était empressé, dès les premiers jours du printemps, de diriger vers la baie de la Merci un détachement commandé par le lieutenant Pim. Celui-ci, impatient d'apporter à ses camarades de l'*Investigateur* la nouvelle de leur délivrance, avait devancé de beaucoup la troupe qu'il conduisait... (1)

...Mais laissons le capitaine Mac Clure, lui-même, dépeindre l'étonnement et la joie de ses compagnons, quand ils apprirent, tout-à-coup, qu'ils étaient sauvés :

« L'apparition subite d'étrangers, lorsque aucun de nous n'i-
» maginait qu'il pût exister un seul homme à mille lieues de
» distance, causa une surprise que je me sens incapable de dé-
» crire, et qu'il est impossible de se représenter, à moins d'a-
» voir éprouvé une situation semblable, surtout lorsque nos
» gens surent qu'à leur portée se trouvaient deux vaisseaux et
» d'abondantes provisions. Tous les courages semblèrent revi-
» vre, et l'on passa de l'abattement à la joie. Les malades, ou-
» bliant leurs souffrances, s'élancèrent de leurs hamacs et al-
» lèrent se jeter dans le flot de créatures humaines qui débor-
» dait sur le pont par l'unique écoutille que la rigueur du froid
» permît de tenir ouverte. Chacun voulait être certain que ces
» apparitions surprenantes étaient des êtres de chair et d'os, et
» non des habitants de l'autre monde ; car leurs visages, im-
» prégnés de la fumée de la tente, étaient aussi noirs que ceux
» de l'Erèbe. Lorsqu'il fut avéré que ce n'était point un songe,

(1) Un jeune volontaire de la marine française, M. de Bray, enseigne de vaisseau, faisait partie du détachement du lieutenant Pim.

» mais une réalité, la parole fit défaut à mes pauvres compa-
» gnons comme à moi-même, pour exprimer nos pensées. Nos
» cœurs étaient trop pleins... c'était l'annonce d'une résurrec-
» tion. Jamais, j'en ai la confiance, les sentiments de reconnais-
» sance qui m'ont animé en ce moment, envers le souverain
» dispensateur des choses humaines, jamais ces sentiments ne
» s'affaibliront dans mon souvenir. »

Il nous faut maintenant revenir aux expéditions qui, depuis
1851, se sont succédé dans la direction de la mer de Baffin, et
dont la dernière est enfin parvenue à se mettre en communication avec l'*Investigateur*, arrivé dans la région polaire par le
détroit de Behring. La première est celle du *Prince-Albert*.

Chargé en 1850 d'explorer l'entrée du Prince-Régent (1),
le *Prince-Albert* s'était avancé plus profondément dans ce
golfe qu'aucune des expéditions antérieures ; mais l'officier qui
le commandait n'avait débarqué sur aucun point de la côte, et
lorsqu'on attendait de lui deux campagnes, il était revenu en
Angleterre dès le mois d'octobre de la première année. Une extrême importance s'attachait cependant à l'exploration de la côte
occidentale de l'entrée du Prince-Régent, parce que l'existence
d'un dépôt considérable de provisions à la pointe Fury étant
connue de sir John Franklin au moment de son départ, il n'eût
pas manqué, à l'exemple de sir John Ross en 1830, d'aller
chercher des moyens de subsistances sur ce point, s'il avait été
à portée de l'atteindre. C'est pourquoi lady Franklin, qui avait
fait les frais de la première expédition, voulut qu'elle fût re-
nouvelée l'année suivante.

Le *Prince-Albert* quitta donc le port d'Aberdeen, le 22
mai 1851, pour reprendre l'exploration de l'entrée du Prince-
Régent. Il était commandé par un nouveau capitaine, M. Kennedy, qui avait accepté la coopération volontaire d'un officier
de la marine française, M. Bellot, dont la rare instruction et la
généreuse ardeur ont puissamment contribué aux résultats remarquables de cette expédition. Le capitaine Kennedy se dirigea
d'abord vers l'île Griffith où il devait obtenir la connaissance
des opérations de l'expédition Austin et Penny: mais repoussé
par les glaces accumulées dans le détroit de Barrow, à la hau-

____

(1) Voir *la Revue Britannique* de mai 1852, pages 54 et 55.

teur de l'île Léopold, il fut forcé de s'engager immédiatement dans l'entrée du Prince-Régent où il trouva un lieu sûr d'hivernage à Batty-Bay, sur la côte occidentale. De ce point, M. Kennedy et son compagnon entreprirent pendant l'hiver et le printemps de 1852, dans la direction du Sud et de l'Ouest, une série d'excursions qui, si l'on considère les faibles moyens dont ils disposaient, surpassent toutes les explorations antérieures et montrent ce que peuvent des hommes qui unissent au courage le savoir et l'habileté. Leur premier voyage fut entrepris au plus fort de l'hiver, lorsque le soleil se tenait encore au dessous de l'horizon, et le succès dont furent couronnées les dispositions qu'ils prirent pour garantir à la fois leur sûreté et leur santé, pendant la saison la plus critique, prouve que les constitutions européennes sont capables de supporter les plus extrêmes rigueurs du climat des régions polaires. Dans la relation modeste qu'il a publiée, M. Kennedy rend compte des détails de tous les arrangements. Sa petite troupe se composait seulement de M. Bellot et de quatre à six marins. Les provisions et les bagages étaient portés sur de légers traîneaux indiens que des chiens esquimaux aidaient à tirer. Les vivres consistaient principalement en pemmican, auquel on avait ajouté quelques sacs de biscuits avec un peu de thé, de sucre et de farine. On avait trouvé, d'ailleurs, d'utiles ressources dans l'ancien dépôt des approvisionnements de la *Fury* qui, après trente ans passés sous le climat polaire, étaient non-seulement très bien conservés, mais supérieurs en qualité à la plupart des provisions dont on munit aujourd'hui les vaisseaux destinés aux campagnes de découverte.

Il sera intéressant d'entendre M. Kennedy, lui-même, raconter les incidents journaliers de ses excursions :

« A six heures généralement, » écrit-il, « j'éveillais tout mon » monde, et les préparatifs de la marche du jour commençaient » aussitôt. Le déjeuner était notre première opération : ensuite » venait le paquetage de notre literie et de nos ustensiles de » cuisine; puis le chargement des traîneaux et l'attelage des » chiens ; puis, enfin, le départ. J'ouvrais la marche, et M. Bel- » lot, avec le reste de la troupe et les quatre traîneaux à la file, » suivaient exactement ma trace. A la fin de chaque heure, une

» halte de cinq minutes était accordée pour reposer les hommes
» et faire souffler les chiens. Toutes les fois que le temps le per-
» mettait, on observait les chronomètres pour déterminer la lon-
» gitude et la latitude, et comme nos cadres écrits étaient prépa-
» rés chaque soir à l'avance pour la journée du lendemain, nous
» n'avions pas besoin de recourir à nos livres, ce qui réduisait
» ordinairement à une demi-heure le temps nécessaire à nos
» observations. La construction de la hutte de neige et les pré-
» paratifs du souper achevaient notre tâche quotidienne qui,
» rarement, arrivait à son terme avant dix heures du soir. »

En peu de temps, chacun devint expert dans l'édification des
huttes de neige, qui furent le seul abri des voyageurs durant la
nuit. Elles se trouvèrent bien supérieures aux tentes qui, d'ailleurs, en raison de leur poids et de leur volume, auraient été d'un
transport impossible pour une si faible troupe. Voici comment
M. Kennedy décrit le procédé de construction :

« On découpait d'abord, à l'aide de la scie, dans un banc de
» neige durcie qu'on choisissait avec soin, des blocs carrés qui
» offraient exactement l'apparence de ces morceaux de sel gemme
» que de petites charrettes promènent dans les rues de Londres.
» Nous leur donnions, en général, deux pieds de long sur neuf
» pouces de large, et leur épaisseur était de quatorze pouces. La
» première rangée de ces blocs était posée sur le sol, de ma-
» nière à dessiner à peu près un carré; le second rang, placé
» sur le premier, offrait une légère inclinaison intérieure dans le
» sens de la hauteur, tandis que les blocs des encoignures étaient
» disposés diagonalement afin de couper les angles. Les autres
» rangées se succédaient régulièrement, toujours en se rétré-
» cissant vers l'intérieur, à mesure que la muraille s'élevait, jus-
» qu'à ce qu'on eût obtenu une espèce de dôme. On n'avait plus
» ensuite qu'à pratiquer une étroite ouverture pour tenir lieu
» de porte, et l'on se voyait pourvu d'une espèce de ruche dont
» l'extérieur avait une très bonne apparence, en même temps
» que l'intérieur fournissait un abri capable de défier le vent et
» la gelée. Toutes les fentes que la construction avait laissé sub-
» sister étaient bouchées à la main, en dehors, avec de la neige.
» Pour les découvrir, un homme entrait dans la hutte où elles
» étaient plus visibles et, à l'aide d'une mince baguette passée

» à travers chaque fissure, il indiquait aux ouvriers extérieurs
» tous les endroits à réparer, jusqu'à ce que l'enveloppe de neige
» fût close aussi hermétiquement que la coquille d'un œuf. »

Ces huttes étaient tellement inaccessibles à l'air, et la neige
est un corps si parfaitement non conducteur de la chaleur, que
la flamme d'une bougie ordinaire ou d'une lampe à esprit-
de-vin, suffisait pour entretenir, dans l'intérieur, une douce
température.

Aussi long-temps que duraient leurs excursions, les voyageurs
usaient de thé chaud, soir et matin. Dans la situation où ils se
trouvaient, ce breuvage avait pour eux plus de prix que tous les
trésors des mines d'Ophir. Une petite mesure d'esprit-de-vin
suffisait pour chauffer la pinte de thé formant la ration de chaque
homme et pour produire en même temps une chaleur convenable
dans l'espace étroit où la troupe était rassemblée. Lorsque le
mauvais temps ne permettait pas de marcher, on ne faisait qu'un
seul repas chaud par jour, afin d'épargner le combustible. Les
autres repas consistaient en pemmican et en biscuit, auxquels
on mêlait de la glace. De même, on mangeait *tout gelés*, faute
de moyen de les faire cuire, les ptarmigans qu'on parvenait
à tuer pendant la route. Quant aux chiens, quelques morceaux de vieux cuir formaient toute leur nourriture et ils ne dé-
périrent pas.

C'est ainsi que M. Kennedy et son fidèle compagnon M. Bellot
accomplirent leurs explorations, dont l'ensemble offre un par-
cours total d'environ deux cents milles (plus de huit cents lieues).
Leur principale excursion dura quatre-vingt-dix-neuf jours.
Partis de la baie Batty, ils suivirent la côte en marchant vers le
Sud, jusqu'à la baie Brentford, au fond de laquelle ils découvri-
rent un canal d'environ deux milles de largeur (le détroit
Bellot) qui, se dirigeant au Sud-Ouest, les conduisit promptement vers le cap Bird, appartenant à la côte occidentale du
Sommerset du Nord. Traversant immédiatement un bras de mer
glacée, large de vingt-cinq milles, ils gagnèrent le rivage opposé,
et par une latitude d'à peu près 75°, ils s'avancèrent droit à
l'Ouest, sur une plaine de facile accès, jusqu'au 100° de longitude. Rétrogradant alors, ils revinrent vers le golfe qu'ils
avaient traversé, et, tournant leurs pas au Nord, ils explo-

rèrent le littoral jusqu'au cap Walker. De ce dernier point, ils repassèrent sur la côte septentrionale du Sommerset, qu'ils suivirent jusqu'au port Léopold d'où ils regagnèrent leur vaisseau. Nulle part ils n'ont rencontré la plus légère trace de l'expédition de 1845 ; c'est pourquoi, si l'on rattache leur exploration à celles du capitaine Ommaney et du lieutenant Osborne, on doit croire avec eux que sir John Franklin ne s'est pas avancé au Sud-Ouest du cap Walker.

Aussitôt que la mer fut praticable, le capitaine Kennedy fit voile pour l'île Beechey, qu'il atteignit le 19 août. Il y trouva *l'Étoile-du-Nord* appartenant à l'escadre de sir Edward Belcher, et rapporta la première nouvelle de l'arrivée de cette expédition aux îles Parry.

Le *Prince-Albert* était de retour à Aberdeen le 8 octobre 1852. Dans la dépêche, par laquelle le capitaine Kennedy s'empresse d'annoncer son arrivée à l'Amirauté, nous lisons avec un sentiment douloureux, les lignes suivantes :

« Je ne puis trouver des paroles assez expressives pour té-
» moigner mon admiration de la conduite de M. Bellot, qui m'a
» accompagné pendant mon voyage. Par son instruction supé-
» rieure, il a constamment assuré la bonne direction de nos
» opérations, en même temps que par l'heureuse disposition de
» son caractère, il a soutenu nos hommes dans leurs travaux
» les plus difficiles, en partageant même avec eux la fatigue de
» tirer les traîneaux.

Le printemps de 1852 amena un nouvel effort de l'énergique dévouement de lady Franklin. Deux vaisseaux abandonnés et emportés par un banc de glace flottante, avaient été aperçus non loin de la côte de la Nouvelle-Ecosse, au mois d'avril 1851, par un navire marchand nommé la *Rénovation* (1). Ils devaient provenir du nord de la mer de Baffin. Le récit de l'interprète, Adam Beck, plaçait aussi, aux environs du cap Dudley-Digges, le massacre de deux équipages européens (2). Il fallait donc explorer soigneusement le littoral septentrional de la mer de Baffin. Cette tâche délicate, confiée par lady Franklin au capitaine Inglefield, de la marine royale d'Angleterre, a été accom-

(1) Voir *la Revue Britannique* de juin 1852, pages 349 et suivantes.
(2) Voir *idem* de mai 1852, page 52.

plie, en quatre mois, de la manière la plus remarquable.

Parti dès les premiers jours de l'été, sur un petit steamer à hélice nommé *l'Isabelle*, le capitaine Inglefield a visité d'abord, avec le plus grand soin, le cap Dudley-Digges et la baie Wolsten-Holn : non-seulement il y a interrogé les naturels, mais il a fouillé leurs cairns et leurs sépultures, sans pouvoir obtenir aucun indice. Il a pénétré ensuite dans l'entrée de Baffin, où il a trouvé un établissement d'Esquimaux à vingt-cinq milles dans l'intérieur. De là, il s'est rendu à l'entrée de Smith, dont la largeur se trouve être de trente-six milles, au lieu des vingt-cinq indiqués jusqu'ici par les cartes. Le 27 août, doublant à portée de pistolet le cap Alexandre, il découvrait une mer sans glaces, qui se développait au Nord à perte de vue. Le cap était couvert d'une mousse abondante, et cette végétation continua de s'offrir aux yeux des navigateurs, jusqu'à la plus haute latitude qu'ils aient atteinte, c'est-à-dire jusqu'à 78° 35'. Assaillie par une tempête, puis environnée par les glaces flottantes lorsqu'elle essayait de se rapprocher de la côte occidentale pour l'examiner, *l'Isabelle* eut beaucoup de peine à se dégager et à gagner l'entrée de Jones où elle s'enfonça jusqu'au-delà du 84° de longitude. Là, non plus, aucun havre qui pût servir de refuge à un vaisseau. Ces pentes escarpées, ces rochers inaccessibles semblaient même défier le pied de l'homme. Le capitaine put seulement constater la direction des deux côtes qui limitent ce bras de mer au Nord et au Sud. Le mois de septembre était arrivé : il n'y avait plus un jour à perdre si, avant de revenir en Angleterre, on voulait toucher à l'île Beechey, afin d'y annoncer à sir Edward Belcher les découvertes qui venaient d'être faites. Le capitaine Inglefield, repoussé d'ailleurs par un vent d'Ouest très violent, sortit rapidement de l'entrée de Jones, atteignit l'île Beechey le Ier septembre, communiqua avec le capitaine Pullen de *l'Etoile-du-Nord*, et redescendit la mer de Baffin en suivant la côte occidentale, sur laquelle il prit terre un moment au cap Borven. Le 22 octobre, il se trouvait par le travers du cap Farewell et, peu de jours après, il arrivait en Angleterre. La découverte d'une mer non glacée, au nord de la baie de Baffin, par une latitude de près de 79°, est l'un des faits géographiques les plus remarquables. C'est un indice de plus de l'existence présumée d'un vaste bassin polaire, auquel l'entrée de Smith fournirait l'un de ses principaux accès.

L'exploration de l'entrée du Prince-Régent et l'examen du littoral de la mer de Baffin, n'étaient que des opérations secondaires dans le vaste plan de recherches qu'on avait adopté. Après le retour prématuré de l'expédition du capitaine Austin, il était nécessaire de poursuivre la reconnaissance du canal Wellington par où l'on croyait que sir John Franklin avait dû pénétrer dans la mer Polaire. Il fallait aussi renvoyer un vaisseau à l'île Melville, vers laquelle l'*Investigateur*, dont on n'avait aucune nouvelle, avait dû se diriger. Pour atteindre ce double but, l'Amirauté fit partir, d'Angleterre, au mois d'avril 1852, une escadre composée de trois bâtiments à voile (l'*Assistance*, la *Résolue* et l'*Etoile-du-Nord*), et de deux bateaux à vapeur (le *Pionnier* et l'*Intrépide*). L'expédition, commandée en chef par sir Edward Belcher, ayant pour second le capitaine Kellett, devait prendre, pour base de ses opérations, l'île Beechey, où l'on avait trouvé les traces du séjour de sir John Franklin. L'*Assistance* et le *Pionnier*, sous la conduite de sir Edward Belcher, devaient aller prendre leur hivernage à l'issue septentrionale du canal Wellington, pour étendre de là leurs explorations vers le Nord; le capitaine Kellett, avec la *Résolue* et l'*Intrépide*, devait hiverner à l'île Melville et pousser ses recherches aussi loin qu'il le pourrait, dans la double direction de l'Ouest et du Sud; enfin l'*Etoile-du-Nord*, destinée à servir de dépôt et d'intermédiaire, devait rester en station à l'île Beechey, où nous avons vu qu'elle avait, en effet, été trouvée à la fin de l'été 1852, par le *Prince-Albert* et par l'*Isabelle*.

Le capitaine Belcher était arrivé le 11 août à l'île Beechey. Son premier soin avait été de fouiller de nouveau, avec la précaution la plus extrême, les divers emplacements déjà visités. Cette recherche fut infructueuse comme les précédentes: aucune indication quelconque de la direction qu'avait pu prendre sir John Franklin ne fut découverte. — « Après un minutieux » examen et de mûres réflexions, » écrit sir Edouard Belcher, » j'ai été conduit à cette conclusion, qu'aucune précipitation ne » semble avoir caractérisé le départ de sir John Franklin, lors- » qu'il a quitté son hivernage de 1846. Chaque détail porte la

» trace de l'ordre et de la régularité ; et, tout incompréhensible
» que le fait puisse paraître, c'est ma ferme conviction qu'on
» n'a eu aucune intention de laisser ici une indication quel-
» conque. »

Le 14 août, la mer étant encore libre, le capitaine Belcher
s'empressa de remonter le canal Wellington. Le 18, ayant trouvé
sur la côte orientale un abri pour ses vaisseaux, dans une baie à
laquelle le nom de Northumberland a été donné, il résolut de
choisir pour son quartier d'hiver, ce lieu, situé par 76° 52' de
latitude, et par 97° de longitude. Sans perdre un moment, une
excursion en bateau et en traîneau dans la direction du Nord
fut organisée ; et, dès le 25 août, sir Edouard Belcher, après
avoir doublé un cap au-delà duquel la côte tourne brusquement à
l'Est, trouvait des restes d'habitations dont la construction était
singulièrement remarquable. — « Ce n'étaient pas, » écrit-il,
» de simples enceintes de cailloux ; c'étaient deux rangs de murs
» bien assis dans le sol, qu'on avait assez profondément creusé.
» Le sol intérieur de l'habitation, recouvert d'une couche épaisse
» de beau gravier, avait été pavé, et tout y offrait l'apparence de
» soins bien supérieurs à ceux que je suis disposé à attribuer
» aux habitudes grossières des tribus errantes d'Esquimaux. Des
» ossements de rennes, de morses, de phoques ou d'autres ani-
» maux, existaient en grande quantité, et nous rencontrâmes
» aussi du charbon. » — Le capitaine Belcher ne dit pas s'il a
cherché à trouver quelque indication écrite ; mais, comme il
ne signale pas l'existence d'un cairn, on doit croire que sa recherche eût été superflue.

Plusieurs terres nouvelles ont été découvertes ; elles sont in-
diquées sur la carte jointe à notre travail. La plus étendue est
celle qu'on a nommé Cornouailles du Nord. A l'Est, la côte, légèrement inclinée vers le Sud, semble devoir se rattacher au
rivage méridional de l'entrée de Jones ouverte sur la mer de
Baffin ; tandis qu'au Nord-Ouest, aussi loin que le regard peut
s'étendre, on voit se déployer une vaste mer que le capitaine
Belcher croit être le bassin polaire. N'oublions pas d'ajouter
que, dès le 20 mai 1853, cette mer n'était plus glacée. — Un
groupe d'îles, situé par-delà le 78° 10' de latitude, a reçu le nom
d'archipel Victoria.

Le capitaine Kellett, qui avait quitté le mouillage de l'île Beechey en même temps que le capitaine Belcher, arrivait en vue
de l'île Melville le 2 septembre, après une navigation des plus
périlleuses. Le 10, il choisissait pour lieu d'hivernage de la *Résolue* et de l'*Intrépide*, la baie de Bridport, située sur la côte
méridionale derrière l'île Dealy. Le 22, les détachements d'exploration partaient dans toutes les directions, et, peu de jours
après, l'un d'eux découvrait, à Winter-Harbour, la dépêche
qu'y avait déposée le capitaine Mac Clure. Dès le 10 mars 1853,
malgré la rigueur d'un froid excessif, le lieutenant Pim se mettait en route pour traverser les glaces du détroit de Melville;
après des fatigues extrêmes, il retrouvait l'*Investigateur* dans la
baie de la Merci, et, le 19 avril, le capitaine Kellett avait le
bonheur de voir arriver près de lui son camarade Mac Clure
(bien portant, écrit-il, mais affamé). C'est quelques jours après
cette réunion, que le lieutenant Creswell a été envoyé avec le
rapport du commandant de l'*Investigateur*, à l'île Beechey,
d'où le *Phénix* l'a ramené en Angleterre, au commencement
d'octobre dernier.

Le printemps de 1853 a été employé par sir Edward Belcher
en excursions sur les divers rivages non encore explorés. Un
des traîneaux de l'*Assistance*, dirigé d'abord à l'Ouest, puis au
Sud, a traversé l'île Melville et rejoint l'hivernage du capitaine
Kellett qui, de son côté, avait poussé vers l'Ouest plusieurs reconnaissances dont le résultat est encore ignoré. Le 14 juillet,
l'*Assistance* et le *Pionnier* ont quitté leur station de la baie
Northumberland pour revenir à l'île Beechey. Le 26 juillet, date
des dernières dépêches, ces deux vaisseaux étaient dans le canal
Wellington, à l'est du cap Beecher. Le commandant de l'expédition n'aura donc pas cru possible de pénétrer dans la redoutable mer polaire, qui cache le secret de la tombe de sir John
Franklin. Ainsi, tout espoir de trouver, dans cette direction, les
restes des malheureux équipages de l'*Erèbe* et de la *Terreur*,
semble désormais perdu.

L'*Investigateur* aura-t-il pu traverser le détroit de Melville
pendant l'été qui vient de finir? Les hommes expérimentés ne
l'espèrent pas, parce qu'une énorme quantité de glace paraît
avoir encombré, cette année, toute la région de l'archipel

Parry. — Sera-t-il plus heureux avant plusieurs étés? C'est ce que personne n'oserait affirmer; car la côte de la terre de Banks semble particulièrement soumise à la constante accumulation des glaces. Selon les dernières nouvelles reçues du capitaine Kellett, cet officier aurait décidé que si, parmi les marins de l'*Investigateur*, on ne trouvait pas vingt hommes bien portants et disposés à passer volontairement un quatrième hiver dans la baie de la Merci, le capitaine Mac Clure devait quitter son vaisseau avec tout l'équipage, qui serait transporté en Angleterre sur l'*Etoile-du-Nord*. Quant aux autres bâtiments de l'escadre Belcher, il est probable qu'ils hiverneront soit à l'île Beechey, soit à l'île Melville. L'incertitude où l'on se trouve à l'égard de l'*Entreprise*, qui a franchi le détroit de Behring sous le commandement du capitaine Collinson, en 1851, ne permet pas d'abandonner l'île Melville aussi long-temps qu'un bâtiment y pourra stationner.

Un triste récit nous reste à faire pour achever la tâche que nous nous sommes imposée.

De retour en Angleterre sur le *Prince-Albert*, le lieutenant Bellot avait recherché avec ardeur l'occasion de prendre une part nouvelle aux glorieux travaux dont la région polaire était le théâtre. Cette occasion ne tarda pas à s'offrir. L'Amirauté devait expédier, aux îles Parry, le steamer le *Phénix* et un transport chargé de provisions, le *Breadalbane*. Le commandement de ces bâtiments était confié au capitaine Inglefield, qui s'empressa d'accepter les services volontaires d'un officier aussi distingué que M. Bellot. Parti d'Angleterre au mois d'avril dernier, le capitaine Inglefield arriva, le 8 août, devant l'île Beechey, et trouvant l'*Etoile-du-Nord* cernée au loin par les glaces, il résolut de débarquer sur-le-champ, au cap Riley, le chargement du *Breadalbane*. La sagesse de cette prompte résolution fut justifiée par l'évènement; car, peu de jours après, le *Breadalbane*, moins solidement construit que les vaisseaux spécialement destinés aux expéditions polaires, était écrasé par les glaces.

Au moment de l'arrivée du *Phénix*, le capitaine Pullen, commandant l'*Etoile-du-Nord*, était absent depuis un mois: il avait voulu aller, en personne, prendre les ordres de sir Edward Belcher, à la baie de Northumberland. Le capitaine Inglefield éprouvant à son tour le désir de remettre lui-même, au commandant de l'escadre, les dépêches dont il était chargé, se mit en route, le 10 août, accompagné de quelques hommes. Il suivit, par terre, la côte ouest du canal Wellington, dans lequel la glace était si pleine de crevasses et d'aspérités, qu'elle lui parut impraticable pour un traîneau. Arrivé au cap Rescue, il trouva dans le cairn élevé sur ce point, une note annonçant le retour du capitaine Pullen, qui, après avoir communiqué avec sir Edward Belcher, revenait à son vaisseau par une autre route. Arrêté d'ailleurs par l'état du canal qu'il ne pouvait traverser, le capitaine Inglefield déposa une copie des dépêches dans le cairn, et rétrograda.

De retour à l'île Beechey, le 12 août, le capitaine Pullen, prévoyant que le capitaine Inglefield ne pourrait atteindre son but, voulut faire parvenir promptement par une autre voie, à sir Edward Belcher, les dépêches de l'Amirauté, et il accepta l'offre que lui fit le lieutenant Bellot de se charger de cette mission. Un détachement de quatre marins seulement, avec un traîneau portant, outre les provisions, un canot de construction légère, devait, sous le commandement de l'officier français, atteindre le cap Beecher (emplacement d'un cairn qui servait d'intermédiaire pour la correspondance), en suivant, sur les glaces, la côte orientale du canal Wellington.

« A une distance raisonnable du rivage, » écrit le capitaine Pullen dans l'instruction qu'il adresse au lieutenant Bellot, « il » n'y a rien qui s'oppose à la marche d'un traîneau léger. Vous » êtes pourvu d'un bon bateau Halkett (canot à air en caoutchouc). » Je n'éprouve donc aucune crainte pour votre réussite, car la » glace est encore épaisse dans le canal, et je ne pense pas qu'elle » vienne à se rompre pendant ce mois. A tout évènement, si » vous aperceviez des indices suspects, vous gagneriez le rivage, » et là vous jugeriez si vous devez continuer d'avancer ou bien » rétrograder. »

Le 18 août, de grand matin, après avoir dépassé le cap Bowden, le détachement conduit par M. Bellot arriva à la limite des glaces, et fut arrêté par la mer. On lança le canot ; mais le vent était violent et contraire, et ce ne fut qu'avec les plus grands efforts que deux des marins, emportant avec eux le bout d'une ligne, parvinrent à gagner le rivage. Les deux autres hommes restés sur la glace avec M. Bellot, se mirent à décharger le traîneau et à faire passer à leurs camarades, à l'aide de la ligne, tous les approvisionnements qu'il portait. Ils venaient de terminer ce travail, et ils s'occupaient à ramener à eux le canot, lorsque, tout-à-coup, la glace se mit en mouvement, et, poussée par un vent violent de Sud-Est, elle les emporta rapidement au milieu du détroit. Ils étaient parvenus à recouvrer le canot; mais, après plusieurs tentatives infructueuses, il leur fallut renoncer à s'en servir, parce que la mer était trop forte. Pour se garantir du vent, ils taillèrent, avec leurs couteaux, une espèce d'abri dans le flanc d'une aspérité de la glace; puis ils s'assirent tristement. M. Bellot ne dissimula pas à ses compagnons le danger de leur situation, qu'il croyait désespérée, car ils étaient entraînés au loin vers le Nord; « mais, » ajouta-t-il, » je connais les devoirs d'un officier, et j'aime mieux, en ce moment, » être ici qu'à terre. Ayons confiance en Dieu. » Il était huit heures du matin quand M. Bellot se leva pour passer derrière le monticule glacé, afin de reconnaître l'état des choses. Après quelques minutes d'attente, les marins, ne le voyant pas revenir, l'appelèrent sans recevoir de réponse. Ils parcoururent le champ de glace, et n'aperçurent que le bâton du malheureux officier, tombé dans l'eau vers le bord opposé d'une crevasse de vingt-cinq pieds de largeur. M. Bellot avait disparu pour toujours. Les deux survivants passèrent vingt-quatre heures sur cette glace flottante, sans feu et sans aliments, car le traîneau avait été complètement déchargé. Ils finirent cependant par rencontrer, sur leur route, un autre champ de glace arrêté sur un bas-fond; ils y sautèrent : puis, à l'aide d'une rame qui leur restait, ils accrochèrent un glaçon de moindre grandeur, dont ils se firent un radeau sur lequel ils réussirent à gagner le rivage. C'est dans leurs dépositions soigneusement recueillies que nous avons puisé les détails qu'on vient de lire.

En s'associant avec empressement au projet d'élever un monument à la mémoire du lieutenant Bellot, digne représentant de la marine française dans les expéditions polaires, l'Angleterre s'est honorée elle-même.

Nos lecteurs seront curieux, sans doute, de savoir ce qu'aura coûté à l'Angleterre la recherche de l'expédition Franklin ; c'est pourquoi nous reproduisons l'évaluation suivante publiée, dans un écrit récent, d'après les documents parlementaires :

PREMIÈRE SÉRIE DES RECHERCHES. *Années* 1848 *et* 1849.	Nombre des vaisseaux employés.	Dépense approximative estimée en francs.
Expédition du détroit de Behring. — Le *Hérald* et le *Pluvier*, sous les capitaines Kellett et Moore.	2	2,400,000 fr.
Voyage par terre de MM. Richardson et Rae, sur les côtes de l'Amérique du Nord.	»	250,000
Expédition du détroit de Lancastre. — L'*Entreprise* et l'*Investigateur*, sous sir James Ross.	2	1,750,000
Approvisionnements envoyés par l'*Étoile du Nord*.	1	1,250,000

SECONDE SÉRIE.

Expéditions de 1850.

	Nombre des vaisseaux employés.	Dépense approximative estimée en francs.
Expédition du détroit de Behring. — Le *Hérald*, le *Pluvier*, l'*Entreprise* et l'*Investigateur*, capitaines Kellett, Moore, Collinson et Mac Clure.	4	2,500,000
Expédition du capitaine Penny dans le détroit de Lancastre. — La *Lady Franklin* et la *Sophie*.	2	375,000
Expédition des capitaines Austin et Ommaney. — L'*Assistance*, la *Résolue*, le *Pionnier* et l'*Intrépide*.	4	3,625,000
Expédition du *Prince-Albert* dans l'entrée du Prince-Régent, sous le capitaine Forsyth..	1	100,000
Expédition de l'amiral Ross sur le *Félix*..	1	100,000
A Reporter.		12,350,000

TROISIÈME SÉRIE. *Expéditions achevées en 1851 et 1852.*	Nombre des vaisseaux employés.	Dépense approximative estimée en francs.
Report.		12,350,000
Voyage par terre de M. Rae, sur les côtes de l'Amérique du Nord.	»	50,000
Exploration de l'entrée du Prince-Régent, par le *Prince-Albert*, sous le capitaine Kennedy.	1	125,000
Exploration de la baie de Baffin, par l'*Isabelle*, sous le capitaine Inglefield. .	1	125,000
QUATRIÈME SÉRIE. *Expéditions parties en 1852.*		
Escadre de sir Édouard Belcher. — L'*Assistance*, la *Résolue*, l'*Étoile du Nord*, le *Pionnier* et l'*Intrépide*. . . .	5	3,750,000
Approvisionnements supplémentaires envoyés à l'expédition du détroit de Behring.	»	500,000
CINQUIÈME SÉRIE. *Expéditions parties au commencement de 1853.*		
Approvisionnements portés au détroit de Behring, par le *Rattlesnake*..	1	1,250,000
Expédition de l'*Isabelle* au détroit de Behring, sous le capitaine Kennedy (1).	1	100,000
Expédition du *Phénix* et du *Breadalbane* à l'île Beechey, sous le capitaine Inglefield.	2	1,500,000
Voyage de M. Rae à l'isthme de Boothia.	»	100,000
Somme totale.		19,850,000 fr.

Au chiffre total des dépenses supportées par l'Angleterre, il faut ajouter les frais des deux expéditions américaines de 1850 et 1853, frais estimés à environ 300,000 fr.

(1) On a récemment appris que le capitaine Kennedy avait été forcé, par la mutinerie de son équipage, de relâcher à Valparaiso, et que le succès de son expédition était compromis.

355 Paris. Imp. H. Simon Dautreville et Cᵉ, rue Neuve-des-Bons-Enfants, 3.

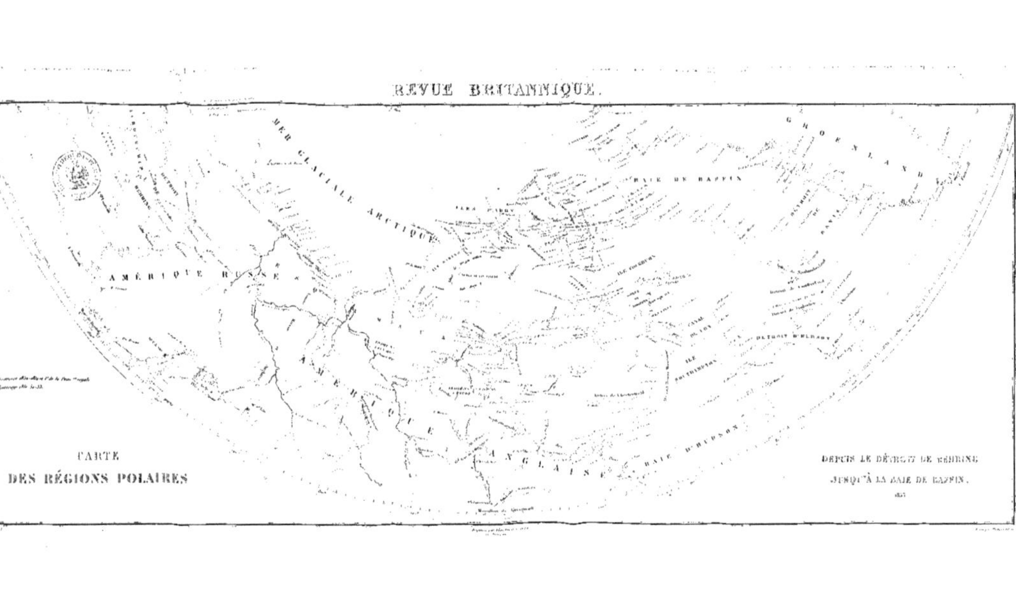

MER GLACIALE ARCTIQUE
GROENLAND
BAIE DE BAFFIN
AMÉRIQUE RUSSE
AMÉRIQUE ANGLAISE
DÉTROIT D'HUDSON
BAIE D'HUDSON
ÎLE SOUTHAMPTON
DÉTROIT DE BEHRING
CARTE
DES RÉGIONS POLAIRES
DEPUIS LE DÉTROIT DE BEHRING
JUSQU'À LA BAIE DE BAFFIN.

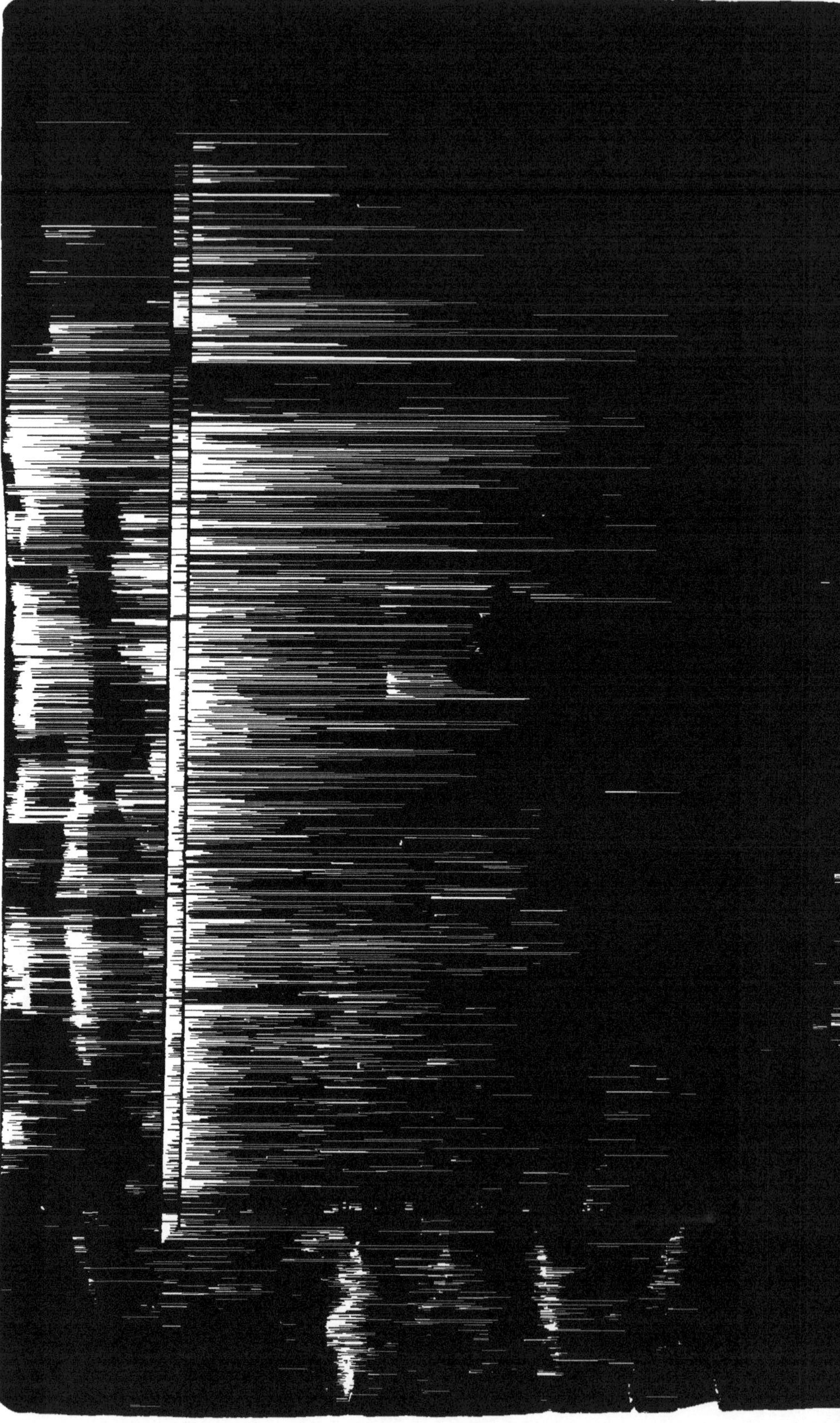